AF371691

Sean Scully — Song of Colors

Sean Scully

Song of Colors

Langen
Foundation

HATJE
CANTZ

Mara Sporn

Sean Scully – Song of Colors

»Es geht um das, was die Ureinwohner Australiens ›als das Lied des Lebens‹ betrachten. Und visuell kann das Lied nur abstrakt gesungen werden.«[1]

Sean Scully komponiert mit Farben und Linien, Streifen und schachbrettartigen Strukturen ohne jegliche Darstellung eines gegenständlichen Sichtbaren Bilder voller Rhythmus, Energie und Emotionalität, die das Leben widerspiegeln. Das Leben, das sich fließend entwickelt, neu formt, wiederholt in einem Vor und Zurück, in einem Auf und Ab. »Streifen und Bänder und Linien verwende ich, um Rhythmus zu erzeugen. Ich möchte permanent Kombinationen und Verbindungen neu schaffen, die wie der Rhythmus der Musik des Lebens sind – in denen es nicht nur um eine Ahnung von Richtigkeit geht, sondern die eine fortlaufende, unendliche Form der Bejahung darstellen, die selbst Musik ist.«[2] Scullys Werke sind intensiv musikalisch und mit dem Rhythmus der zeitgenössischen Musik angefüllt. In Irland geboren – seine Mutter war Sängerin – wächst er mit der melancholischen und doch lebensbejahenden Musik der Iren auf. Später in London und 1975, nach New York immigriert, sind es die Impulse der amerikanischen Rhythm-and-Blues-Musik mit ihrer Vitalität und Lebensfreude, die Scully inspirieren. »Die Linien in meinen Bildern sind wie Gitarrensaiten im Raum, die vibrieren und Emotionen auslösen. Gewöhnlich wird der Moment des Malens durch Musik ausgelöst und wenn nicht durch Musik, dann durch Stille.«[3]

1   Sean Scully, *Inner. Gesammelte Schriften und ausgewählte Interviews,* hrsg. von Kelly Grovier, deutsche Ausgabe hrsg. von Kirsten Voigt, Berlin 2018, S. 79.
2   Ebd., S. 54.
3   »Kunst setzt voraus, daß man nackt ist und dadurch offener wird«. Ein Gespräch von Heinz-Norbert Jocks, in: *Kunstforum,* Bd. 141, Juli–September 1998, S. 268–281.

Seine ersten Arbeiten entstehen im Kontext einer sich wandelnden Kunst- und Musikauffassung. Von der Malerei aus wurde versucht, musikalische Phänomene zu visualisieren oder diese übten unbewusst Einfluss auf das Malerische aus. Besonders in der gestisch orientierten und geometrischen Malerei spiegelte sich eine Affinität zur zeitgenössischen Musik wider. Für Musiker eröffneten sich neue experimentelle Möglichkeiten und eine Erweiterung der Tonvielfalt durch die Einbeziehung atonaler Komponenten. Wechselseitige Impulse gehen von den Künstlern und Komponisten aus. In der Malerei entwickelte sich die künstlerische Bewegung der Minimal Art und parallel dazu in der Musik die Minimal Music. Beiden lag ein reduktiver und repetitiver Aspekt zugrunde.

»Eigentlich wollte ich komponieren. Mit dem Instrument komponieren. Improvisieren, herausfinden, was man mit dem Instrument alles machen kann. Hier besteht eine Nähe zur Malerei. Wichtig ist die Komposition, die Entdeckung, die während der Arbeit gemacht wird.«[4] So formulierte Robert Ryman, Künstlerkollege von Sean Scully, seine malerische Nähe zur zeitgenössischen Musik. Bei den meisten Künstlern war der strukturelle Aspekt die Verbindung zur Musik. Für Sean Scully aber geht es von Anfang an nicht nur um die strenge Komposition und die Klarheit der Form, seine Arbeiten sollten in ihrer Struktur und ihrer Farbigkeit Emotionen verkörpern und Tiefe bewirken. In seinen Bildern nimmt er den Rhythmus, die Geräusche und Eindrücke des zeitgenössischen Lebens seiner Außenwelt auf.

4   »Robert Ryman im Gespräch mit Peter Blum« (1980), in: *Robert Ryman. Retrospektive mit Räumen von Ariane Epars, Clay Ketter, Albert Weis und Beat Zoderer,* hrsg. von Bernhart Schwenk, Ausst.-Kat. Haus der Kunst, München; Kunstmuseum Bonn, Ostfildern 2000, S. 104.

Die Langen Foundation widmet sich in ihrer Ausstellung dem Aspekt der Musikalität und rhythmischen Ausdrucksbewegung in Sean Scullys Œuvre.

Die ausgewählten Werke folgen einer Chronologie, in der der malerische Rhythmus in den Bildern zur Entstehung kommt, mal gleichmäßig dahinströmt, sich weiter fortentwickelt, verdichtet und wieder zurücknimmt. Indem Scully konsequent an seiner kompositorischen Ordnung der Streifen und Blöcke festhält, aber die Farbigkeit, den Pinselstrich, die Struktur und Materialität in den Jahren kontinuierlich variiert und verändert, entsteht eine musikalische Dynamik. So folgt der Ablauf der präsentierten Werke in den Räumen der Langen Foundation dem Aufbau eines Musikstückes, eines Liedes oder einer Sinfonie, wo sich das Motiv ankündigt, manifestiert, sich wie in einem Refrain wiederholt, zur Ruhe kommt, sich wieder steigert und zum Höhepunkt gelangt.

Die Werkschau beginnt mit frühen, kleinformatigen, konzeptuellen Papierarbeiten aus den Sechzigerjahren, bei denen schmale, horizontale Linien in gleicher Länge und parallel übereinander mit Gouache auf Karton gezeichnet sind. In diesen Arbeiten und den frühen Gemälden der 1970er-Jahre überwiegt noch das reduzierte Vokabular des Minimalismus. Auf seinen ersten großformatigen Bildern ist ein strenges Raster aus Klebeband auf die verschiedenfarbigen, geometrischen Flächen auf die Leinwand geklebt. Die Farbflächen sind in sich vergittert, verflechten sich aber zu einem großen und ganzen Raster und verkörpern eine vibrierende Dynamik.

In den Werken der 1980er- und 1990er-Jahre befreit Scully die Farben aus dem Gitter, er malt flächigere Farbbahnen, manchmal auch auf verschiedenen Paneelen, die er dann zu einem Bild zusammenfügt. Die Farben bekommen mehr Ausdruckskraft, Gewicht und Körperlichkeit in den Bildern. Der Bildaufbau setzt sich ausschließlich aus horizontalen und vertikalen Farbstreifen zusammen, die, parallel oder gegeneinander versetzt, die Bildfläche strukturieren, ohne sich zu überschneiden. »In meinen Gemälden geht alles um Streifen. […] Wie ich sie anordne und wie ich sie male, bestimmt alle Emotion in dem Gemälde. Ein Streifen ist eine Note, viele sind ein Akkord, alle werden von Hand gespielt. Durch Arbeit und Aufmerksamkeit versuche ich der Bildoberfläche ein ausgereiftes und nachschwingendes Gefühl zu geben. Die Emotion sollte durch ein Bild vermittelt werden, das denselben Rhythmus

Mara Sporn

besitzt wie Gehämmer und ständiges Getrommel, einen Rhythmus, der von Hand, mit jedem Werk anders gemalt wird.«[5]

5   Scully 2018 (wie Anm. 1), S. 12.

Scully verwendet Ölfarben auf Leinwand, die er wieder und wieder miteinander mischt und auf dem Malgrund übereinander kombiniert. Es sind Farben aus seiner Wahrnehmung der Welt um ihn herum, an Dinge, Orte, Menschen, an seine ganz persönlichen Naturerinnerungen. Seine Gemälde tragen die Fußspuren und den Handabdruck seines Lebens in sich.

Das Malen mit der Ölfarbe ist ein sehr physischer Akt, bei dem Scully Schicht für Schicht zusammenfügt. Die Farben sind lichtundurchlässig oder erscheinen transparent, sie glänzen oder sind matt, strahlend voller Licht oder manchmal blass, hell und dunkel, laut und leise. Die Ölfarbe lässt sich nicht bändigen, sie entwickelt ihre ganz eigene Körperlichkeit und Kraft. Je komplizierter die Farbigkeit der Streifen, umso stärker verleiht Scully den Bildern eine ganz individuelle Persönlichkeit und Emotionalität. Die farbigen Rhythmen, die Farbzusammenstellung, das formale Zusammenwirken der Streifen und das Schaffen von Kontrapunkten rufen eine emotionale Spannung hervor und geben Bewegung und Tiefe.

Seit 2008 entstehen monumentale Gemälde, bei denen Sean Scully als Bildgrund Aluminium wählt. Auf das silbrig-weiße Leichtmetall sind horizontale Blöcke in dunkleren Farbtönen übereinander in immer gleicher Größe gemalt. Die Farbe erscheint weicher und in ihrem Verlauf auf dem Metall ist ein fließender, stiller Rhythmus. Das Licht in den Bildern strahlt eine sanfte, meditative Spiritualität aus. »Gemälde sprechen mit der Farbe des Lichts. Schweigend: mit einem inneren Licht. Ein äußeres Licht, das ist das Bild und ein inneres Licht, das ist die Seele.«[6]

6   Ebd., S. 85.

In seinen neuesten Arbeiten führt Sean Scully zwei Motive seiner Malerei übereinander zu einem Bild zusammen: das Gitter, das das Bild einfängt, aber nicht formal streng ist, sondern ganz malerisch mit Ölkreide handgezeichnet, und seine horizontalen Farbstreifen aus breiten Pinselstrichen. In ihrem malerischen Duktus verschieden, erscheinen sie als zwei Bilder und werden dennoch zu einer Bildkomposition. Die schwarzen Linien sind unregelmäßig, keine ist wirklich ein gerader Strich, mal dichter, mal offener sind sie auf den metallenen Malgrund gezeichnet. Auf diesem Raster liegen die horizontalen Farbstreifen in einem kleineren Format oder genau umgekehrt, die Farbstreifen ruhen unter dem gezeichneten Raster. Dieses Mit- und Gegeneinander der Bildkomponenten, das Ruhige und Vibrierende der Linien und Farben entwickelt einen starken, beinah aufwühlenden Rhythmus.

»Ich möchte, dass meine Kunst so etwas wie den Zustand der Musik anstrebt, aber einen Zustand, der in einem tiefen Moment spürbar und erfahrbar ist. Ich glaube, in der Malerei kann man das Problem der Zeit loswerden. In den abstrahierten Rhythmen, in den Schichten des Bildes kann man sie spüren, aber man ist frei für seinen eigenen Moment.«[7]

7   Ebd., S. 104.

Sean Scully weitet seine Formensprache aus Struktur, Farbe und Material seit einigen Jahren bildhauerisch aus. Monumentale Skulpturen entstehen, bei denen die Vertikalen und Horizontalen in den Kontext der Landschaft eintreten. Er stapelt seine Blöcke zum Himmel und öffnet seine Gitter in die Natur. Auf dem Gelände der Langen Foundation sind exemplarisch drei seiner Skulpturen installiert.

Das malerische Werk von Sean Scully im Innenraum und seine Skulpturen im Außenraum treten in den Räumen der Langen Foundation in einen spannungsvollen Dialog mit dem Gebäude. Den Kunstwerken und der Architektur ist gleichermaßen eine klare formale Struktur zu eigen, aber auch eine erlebbare Sinnlichkeit. Der japanische Architekt Tadao Ando hat ein Ausstellungshaus mit einem einzigartigen Raumkonzept entworfen. Das Gebäude ist als eine in die Natur eingebettete, dramaturgisch-spannungsvolle Skulptur gestaltet. Drei miteinander verbundene Gebäudequader sind zu einem Ganzen zusammengefügt. Ando beschränkt sich auf die drei Materialien Glas, Stahl und Beton und schafft in den Räumen eine wiederkehrende architektonische Struktur aus Sichtbetonwänden, die in rechteckigen Formen in den Ausmaßen der japanischen Tatamimatte gegliedert sind. Die harmonische Einheit von Materialität und Licht, Höhe und Tiefe der Räume schaffen eine wahrnehmbare Emotionalität.

»Kunst soll die Menschen erst zum Sehen bringen – faire voir – und dann Träumen lassen – faire rêver«, schrieb einst Gustave Flaubert. Sean Scullys malerisch-rhythmisch gestaltete Farb- und Flächenkompositionen sind voller Kraft und Vibration. In ihnen ist etwas Sichtbares und immer etwas Verborgenes. Seine Bilder haben einen Zauber und ein Geheimnis, die es immer wieder neu zu entdecken gilt. Für uns Betrachter werden sie so zu einer sinnlichen und greifbaren Erfahrung für das Auge und den Geist.

It's a beautiful noise
And it's a sound that I love
And it makes me feel good
…
It's a beautiful noise
Like a symphony played
It's the music of life

(Aus dem Lied *Beautiful Noise*
von Neil Diamond, 1976)

Mara Sporn: Sean Scully – Song of Colors

Mara Sporn

Sean Scully
Song of Colors

It's what the aboriginal artists in Australia think of as "the song of life." And the song can only be sung visually as abstract.[1] —Sean Scully

Sean Scully composes with colors and lines, stripes and checkerboard structures without any depiction of the objectively visible; Sean Scully composes images full of rhythm, energy, and emotionality that mirror life. Life fluidly evolves, reforms, and repeats forward and backward, up and down. "I use stripes and bands and lines and checkerboards to create rhythm. I want to constantly recreate combinations, characters, and relationships that are like the musical rhythm of life—that are not simply about a sense of rightness, but an ongoing infinite form of affirmation, that is musical."[2] Scully's works are intensely musical and filled with the rhythm of contemporary music. Born in Ireland—his mother was a singer—he grew up with the melancholic and yet life-affirming music of the Irish. Later, in London, and after emigrating to New York in 1975, it was the impulses of American rhythm-and-blues music, with its vitality and joie de vivre, that inspired Scully. "The lines in my paintings are like guitar strings in space that vibrate and trigger emotions. The moment of painting is usually triggered by music and, if not by music, then by silence."[3]

1 Sean Scully, *Inner: The Collected Writings and Selected Interviews of Sean Scully,* ed. Kelly Grovier (Berlin, 2018), p. 79.
2 Ibid., p. 54.
3 Sean Scully, "'Kunst setzt voraus, dass man nackt ist und dadurch offener wird': Ein Gespräch von Heinz-Norbert Jocks," *Kunstforum,* no. 141 (July–September, 1998): pp. 268–81 (translated from the German).

His first works were produced in the context of a changing conception of art and music. Setting out from painting, he tried to visualize musical phenomena, or the latter unconsciously influenced the painterly. His gesturally oriented and geometric painting in particular reflected an affinity to contemporary music. For musicians, new experimental possibilities were opening up, and the diversity of sound was being expanded by incorporating atonal components. Artists and composers were inspiring each other. In painting the artistic movement of Minimalism evolved and, in parallel with it, minimal music. Both were based on a reductive and repetitive aspect.

"Actually, I wanted to compose: to compose with my instrument, to improvise, to find out all the things you can do with the instrument. In that respect it's related to painting. What's important is the composition, the discoveries you make while working."[4] That was how Robert Ryman, a colleague of Sean Scully, described the closeness of his painting to contemporary music. For most artists, the structural aspect was the connection to music. For Sean Scully, however, it was from the outset not just about strict composition and clarity of form; his works were intended to embody emotions in their structure and in their palette and to create depth. In his paintings, he adopts the rhythm, noises, and impressions of contemporary life from the outside world.

4   "Robert Ryman im Gespräch mit Peter Blum" (1980), in *Robert Ryman: Retrospektive mit Räumen von Ariane Epars, Clay Ketter, Albert Weis und Beat Zoderer,* ed. Bernhart Schwenk, exh. cat. Haus der Kunst, Munich and Kunstmuseum Bonn (Ostfildern, 2000), p. 104.

The Langen Foundation is dedicating its exhibition to musicality and expressive rhythmic movement in Sean Scully's oeuvre.

The works selected follow a chronology across which Scully's painterly rhythm iterates itself, sometimes flowing steadily, sometimes developing further, ever further, only to condense and recede again. Rigorously keeping to his compositional order of stripes and blocks, while continually varying and changing the colors, brushstrokes, structure, and materiality over years has produced a musical dynamic. The sequence of the works presented in the rooms of the Langen Foundation thus follows the structure of a musical piece, a song or symphony, in which the motif is announced, is manifested, repeats as if in a refrain, comes to a rest, increases again, and reaches the climax.

This survey begins with early, small-format conceptual works on paper from the 1960s in which slender horizontal lines of the same length and which are parallel above one another are drawn with gouache on cardboard. In these works, and in the paintings of the early 1970s, the reduced vocabulary of Minimalism still dominates. In his first large-format paintings, a strict grid of tape is glued to the canvas on geometric planes of different colors. The planes of color have internal grids, but they interlock to form a large, complete grid and embody a vibrant dynamic.

In the works of the 1980s and 1990s, Scully liberated the colors from the grid; he painted more planar bands of colors, sometimes also on different panels, which he then assembled into one painting. The colors have more expressive power, weight, and physicality in the paintings. The structure of the painting consists entirely of horizontal and vertical stripes of color that, parallel or staggered, structure the picture plane without overlapping:

"In my paintings it's all stripe. . . . The way I arrange them and the way I paint them totally decides the emotion in the painting. One stripe is a note, many are a chord, all are played by hand. I try to get a mature and resonant feeling into the surface through labor and attention. The emotion should be pushed through by an image that has the same rhythm as hammering and constant drumming, a rhythm painted differently by hand with every work."[5]

5   Scully, *Inner* (see note 1), p. 12.

Scully uses oil paints on canvas, mixing them again and again and combining them on top of one another on the ground. They are colors from his perception of the world—things, places, people—and his very personal memories of nature. His paintings bear within them the footprints and handprints of his life.

Painting with oils is a very physical act, in which Scully assembles layer by layer. The paints are not light-permeable or seem transparent; they gleam or are matte, radiating light fully or are sometimes pale, bright and dark, loud and

Mara Sporn

quiet. Oil paint cannot be tamed; it develops its very own physicality and energy. The more complicated the colors of the stripes, the more individual personality and emotionality Scully lends his paintings. The color rhythms, the combination of colors, the formal interaction of the stripes, and the creation of counterpoints produce an emotional tension and provide movement and depth.

Since 2008, Sean Scully has been producing monumental paintings for which he selected aluminum as a support. On this silvery-white, lightweight metal, he paints horizontal blocks in darker shades one above the other, always the same size. The color looks softer, and there is a fluid, quiet rhythm to its course on the metal. The light in the paintings radiates a gentle, meditative spirituality. "Paintings speak with the language of light. Silent: with an inner light. An outer light which is the image and an inner light which is the soul."[6]

6   Ibid., p. 85.

In his newest works, Scully superimposes two motifs of his paintings to form one painting: the grid that frames the image but is not strict in form is drawn by hand with oil pastel in a very painterly way, and there are horizontal stripes of paint in broad brushstrokes. Different in their painting technique, they look like two paintings but nonetheless become one composition. The black lines are irregular, and not one is truly a straight line: sometimes they are thicker, sometimes they are opening, and they are drawn on the metal ground. On this grid lie horizontal stripes of paint in a smaller format or, exactly the reverse, the stripes of paint are lying under the drawn grid. With this juxtaposition and opposition of pictorial components, the calmness and vibration of the lines and colors develop a strong, almost churning rhythm.

"I would like my art to aspire to something like the condition of music: but a condition that can be felt and experienced in a deep moment. I think with painting you can get rid of the problem of time. You can feel it abstracted in the rhythms, in the layers of the painting; but you are, for your moment, free."[7]

7   Ibid., p. 104.

For several years now, Scully has extended his formal language of structure, color, and material to sculpture. The result is monumental sculptures in which the vertical and horizontal lines enter into the context of the landscape. He stacks his blocks up to the sky and opens his grids to nature. Three of his sculptures are installed on the grounds of the Langen Foundation to exemplify this.

In the spaces of the Langen Foundation, Scully's painted oeuvre indoors and his sculptures outdoors enter into an engaging dialogue with the building. The works of art and the architecture in equal measure feature a clear formal structure but also a sensuality that can be experienced. The Japanese architect Tadao Ando designed an exhibition venue with a unique spatial concept. The building is designed as a dramaturgical, engaging sculpture embedded in nature. Three connected parallelepipeds are joined into a whole. Ando limits himself to the three materials—glass, steel, and concrete—and creates a recurring architectonic structure of exposed-concrete walls in the rooms, which are articulated in rectangular forms that correspond to the dimensions of Japanese tatami mats. The harmonious unity of materiality and light and the height and depth of the remains create a palpable emotionality.

"Art should first get people to see (faire voir) and then get them to dream (faire rêver)," Gustave Flaubert once wrote. Sean Scully's painterly, rhythmic compositions of colors and planes are full of energy and vibration. There is something visible in them and always something hidden. His paintings have a magic and a mystery that one can rediscover again and again. For us viewers, they become a sensuous and haptic experience for the eye and the spirit.

It's a beautiful noise
And it's a sound that I love
And it makes me feel good
. . .
It's a beautiful noise
Like a symphony played
It's the music of life[8]

8   From the song "Beautiful Noise"
     by Neil Diamond, 1976.

Mara Sporn: Sean Scully — Song of Colors

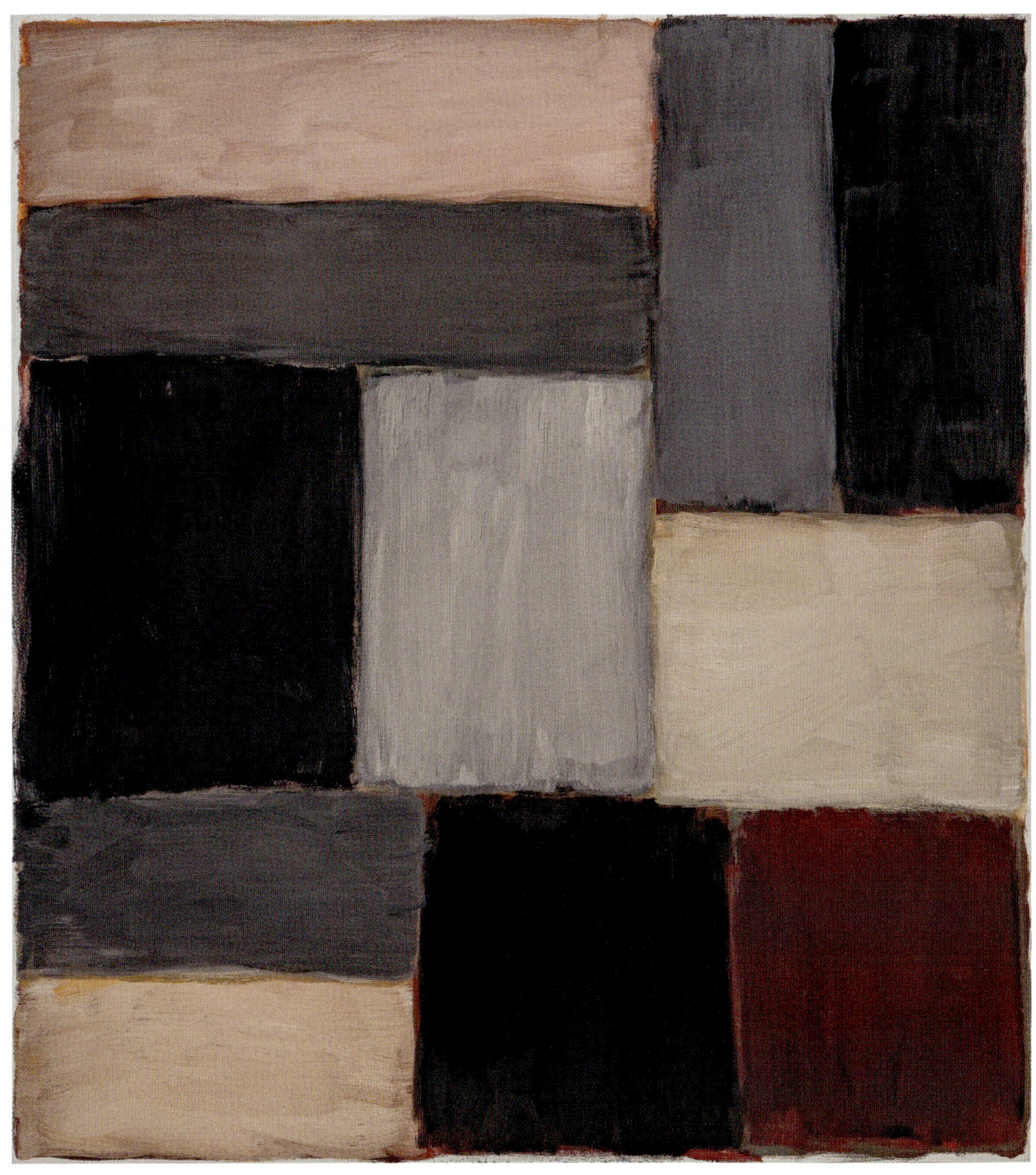

Wall of Light Pink Red, 2013
Öl auf Aluminium / Oil on aluminum
215,9 × 190,5 cm

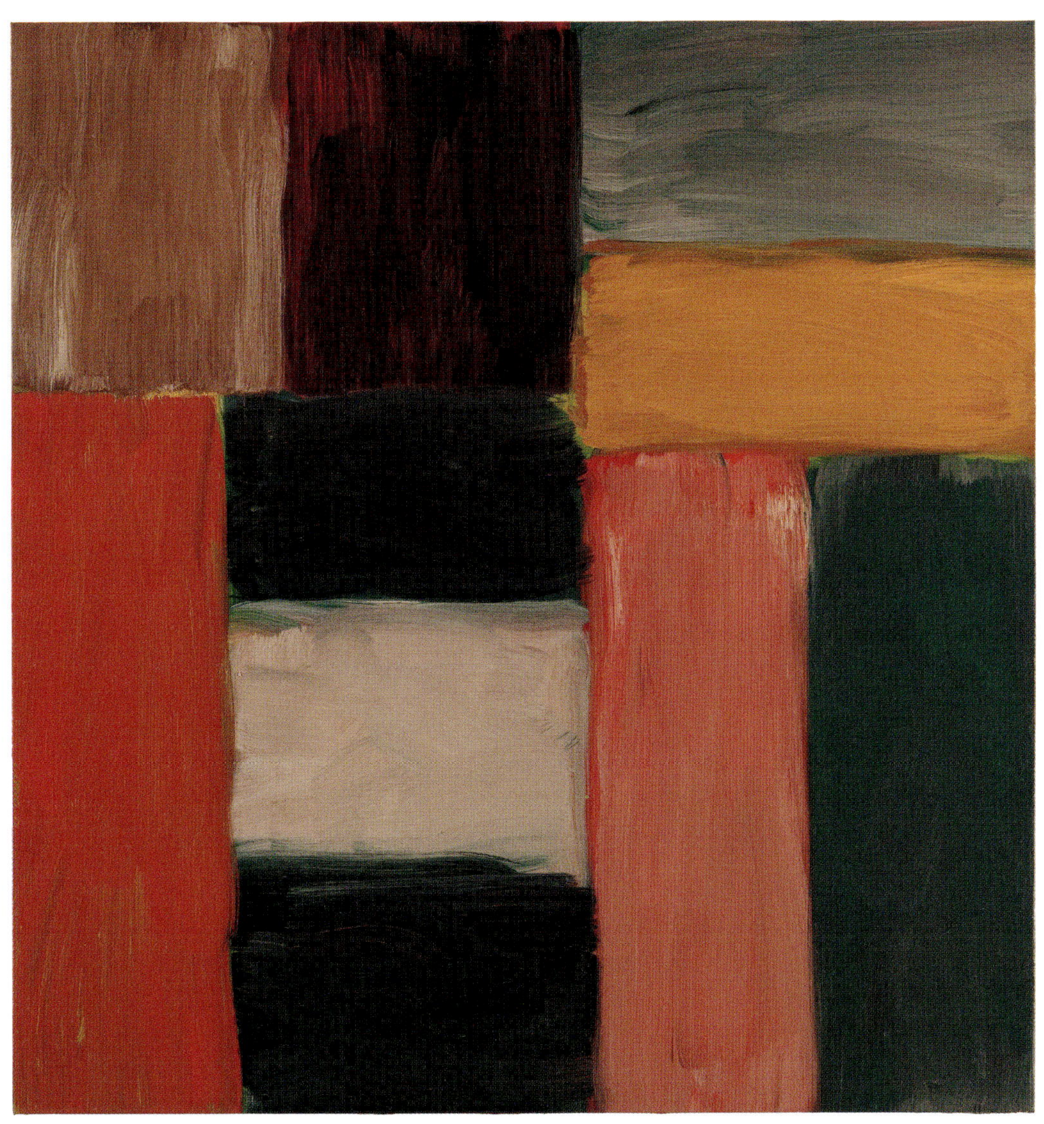

Wall of Light Green, 2013
Öl auf Leinwand / Oil on linen
150,5 × 140 cm

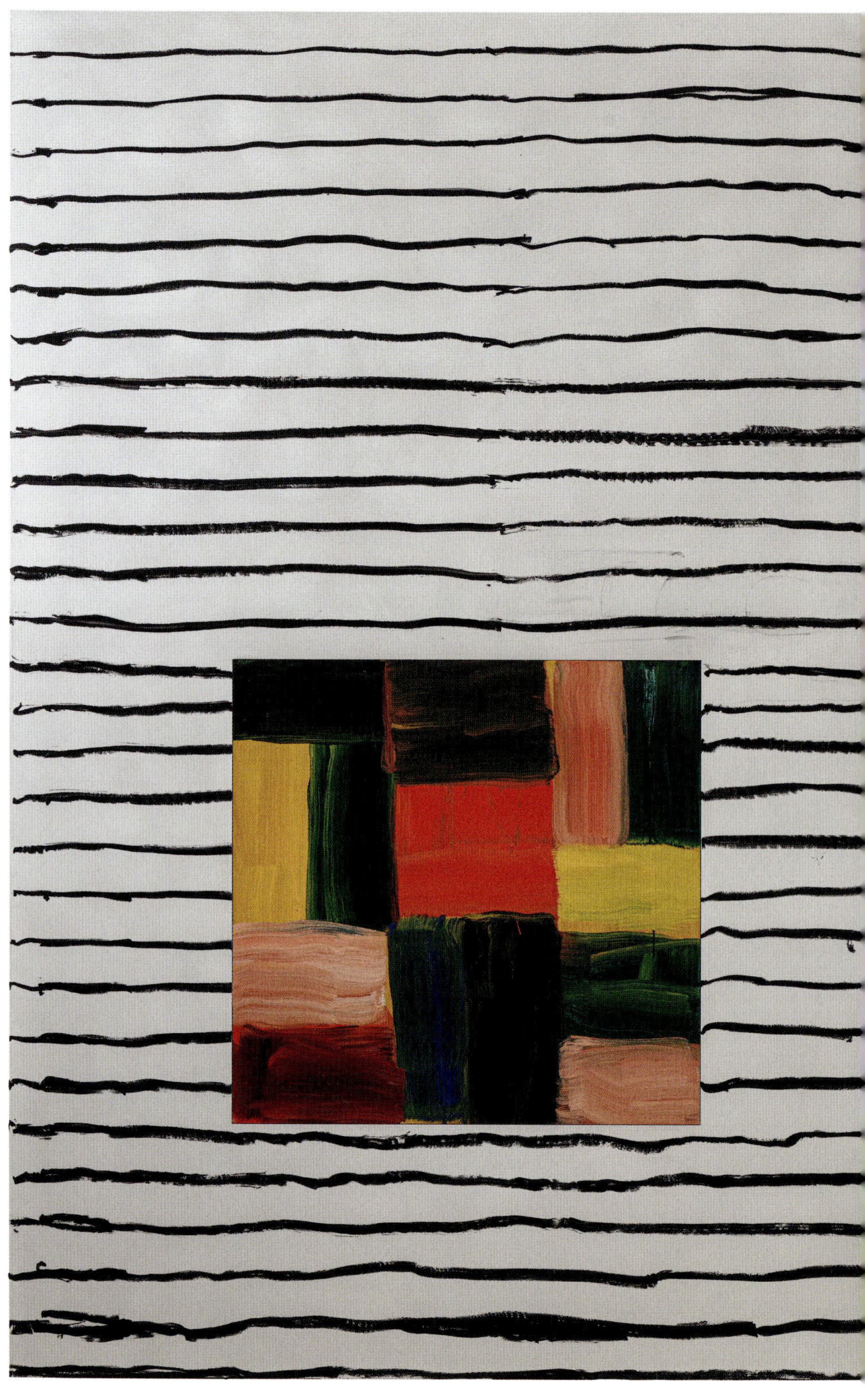

Tocando, 2021
Öl und Ölkreide auf Aluminium / Oil and oil pastel on aluminum
300 × 400,1 cm

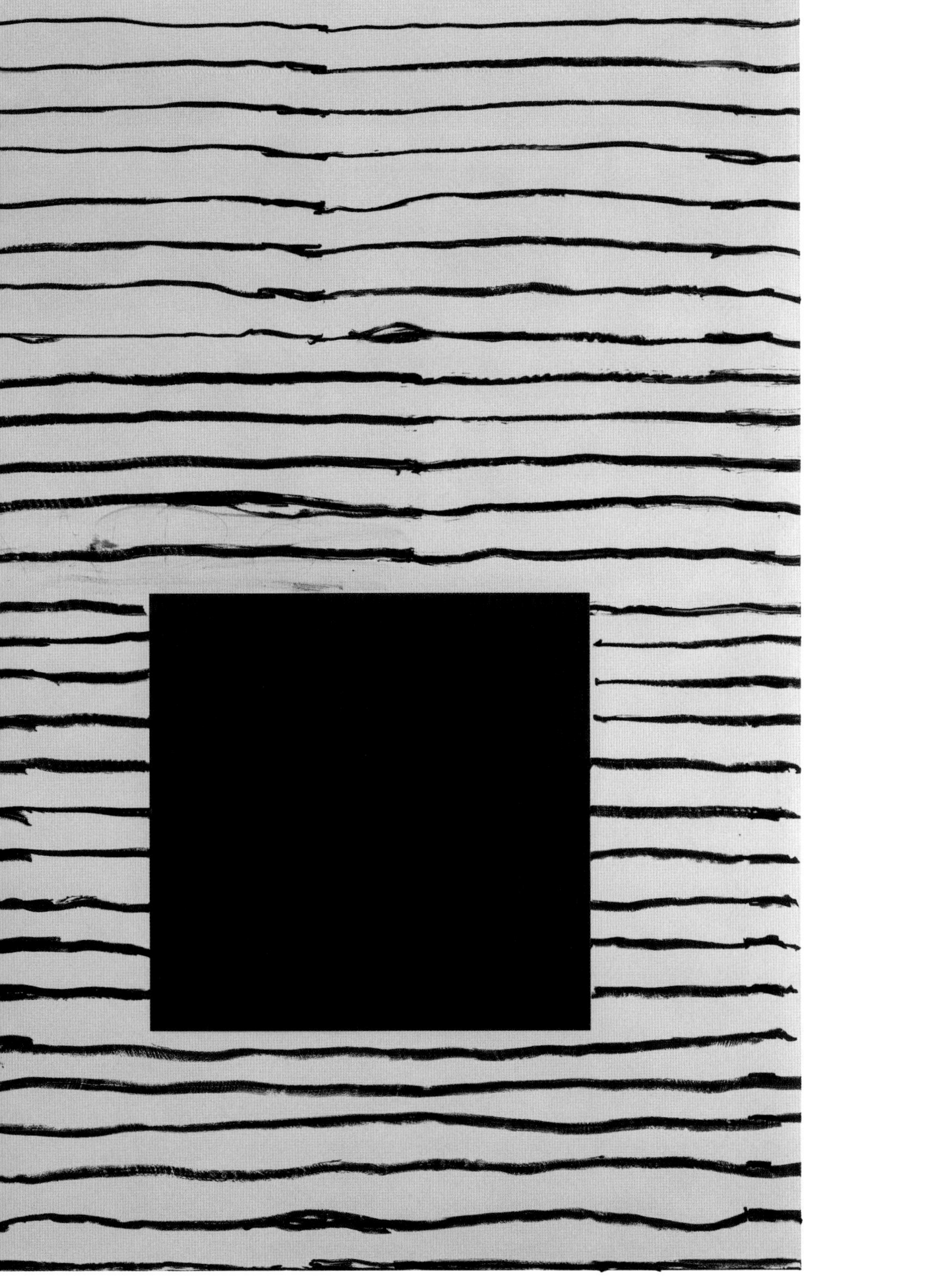

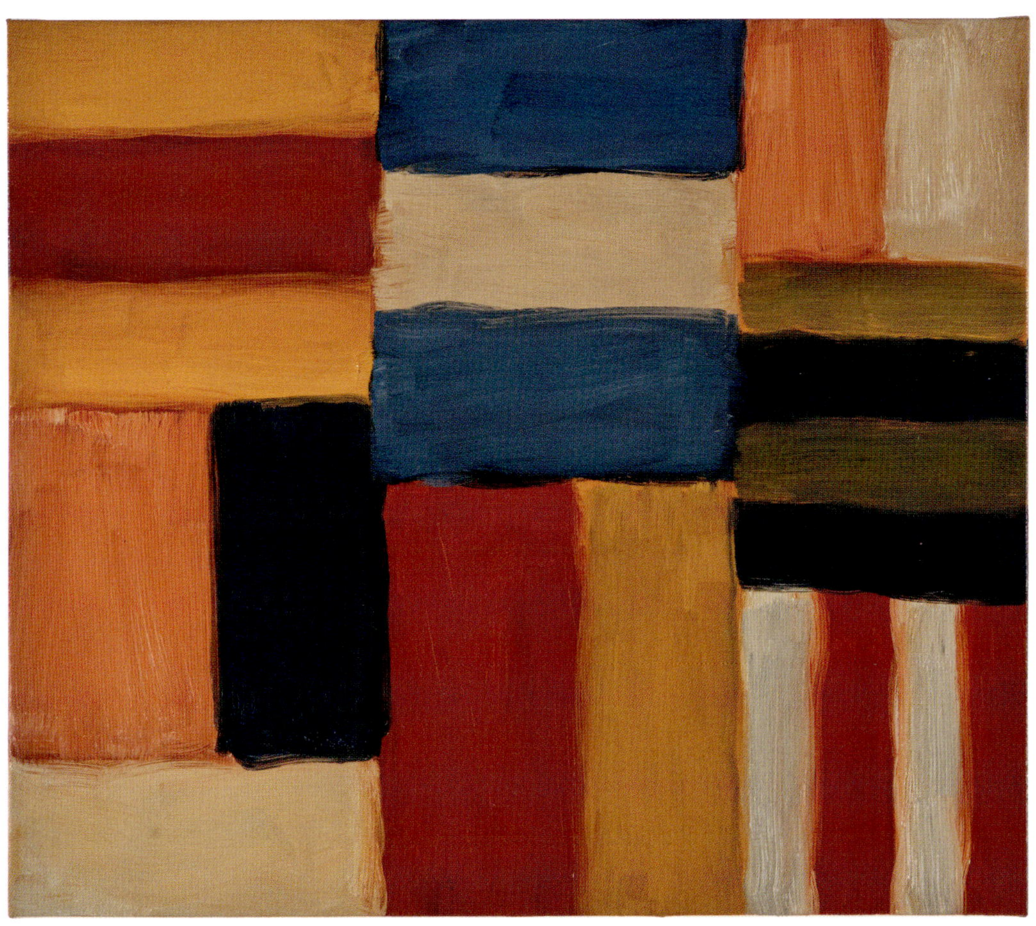

Cut Ground Orange Pink 6.11, 2011
Öl auf Leinwand / Oil on linen
71,3 × 81,3 cm

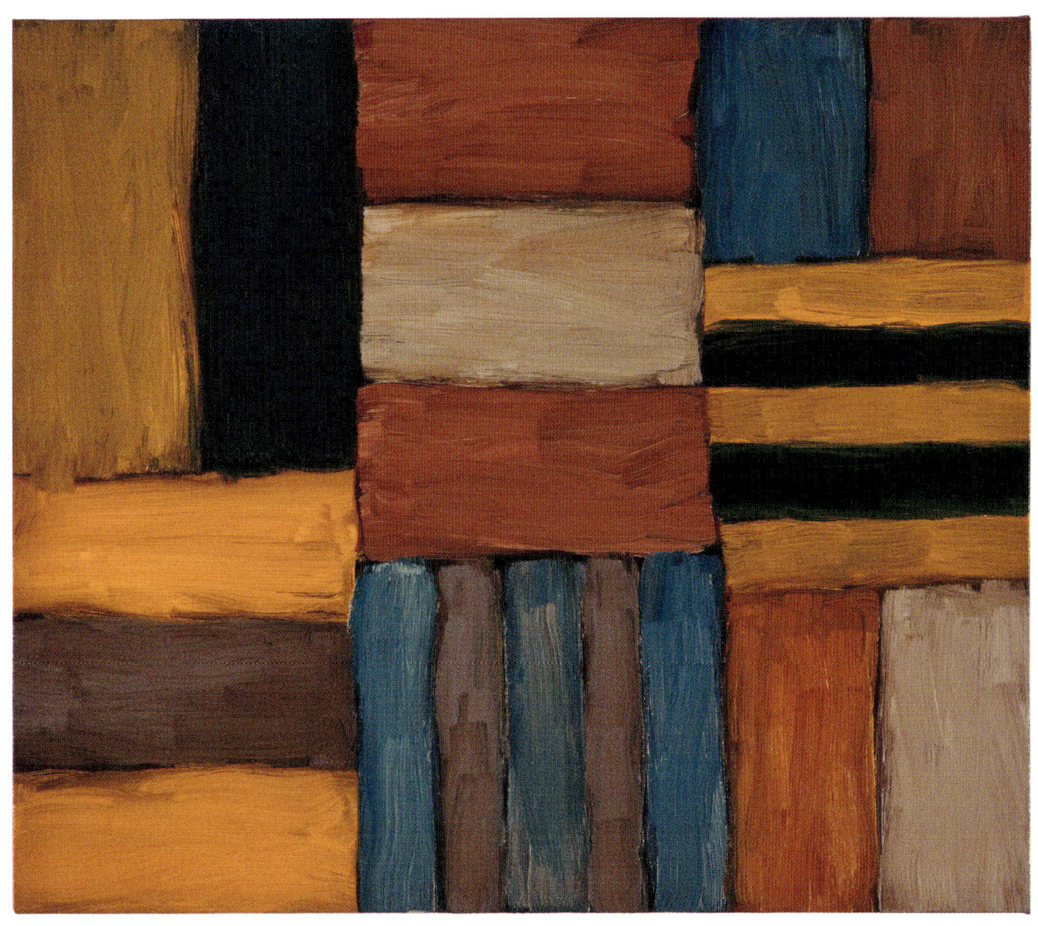

Cut Ground Blue Blue (Yellow) 6.11, 2011
Öl auf Leinwand / Oil on linen
71,3 × 81,2 cm

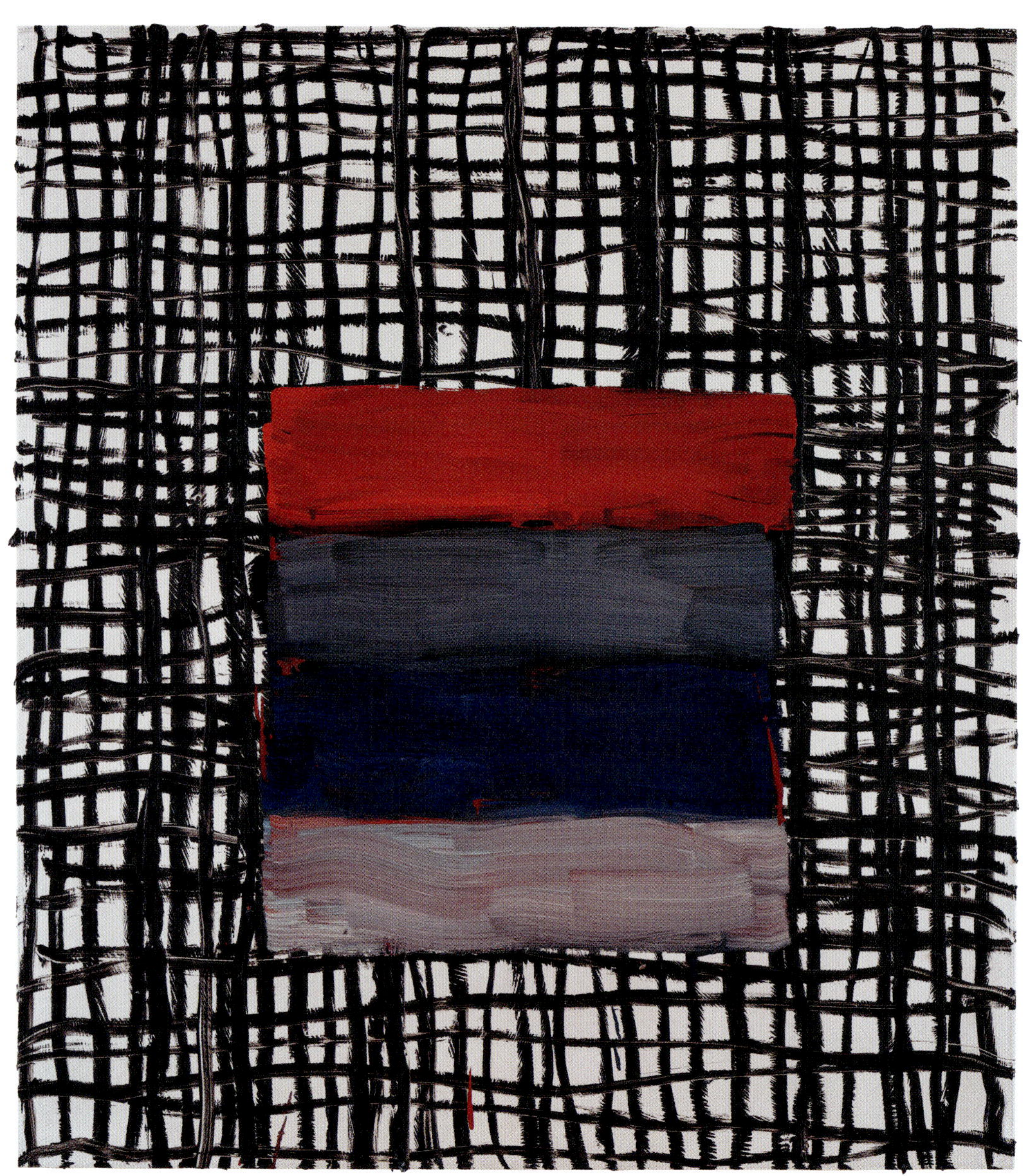

Aix Cage 1, 2021
Öl und Ölkreide auf Aluminium / Oil and oil pastel on aluminum
101,5 × 89 cm

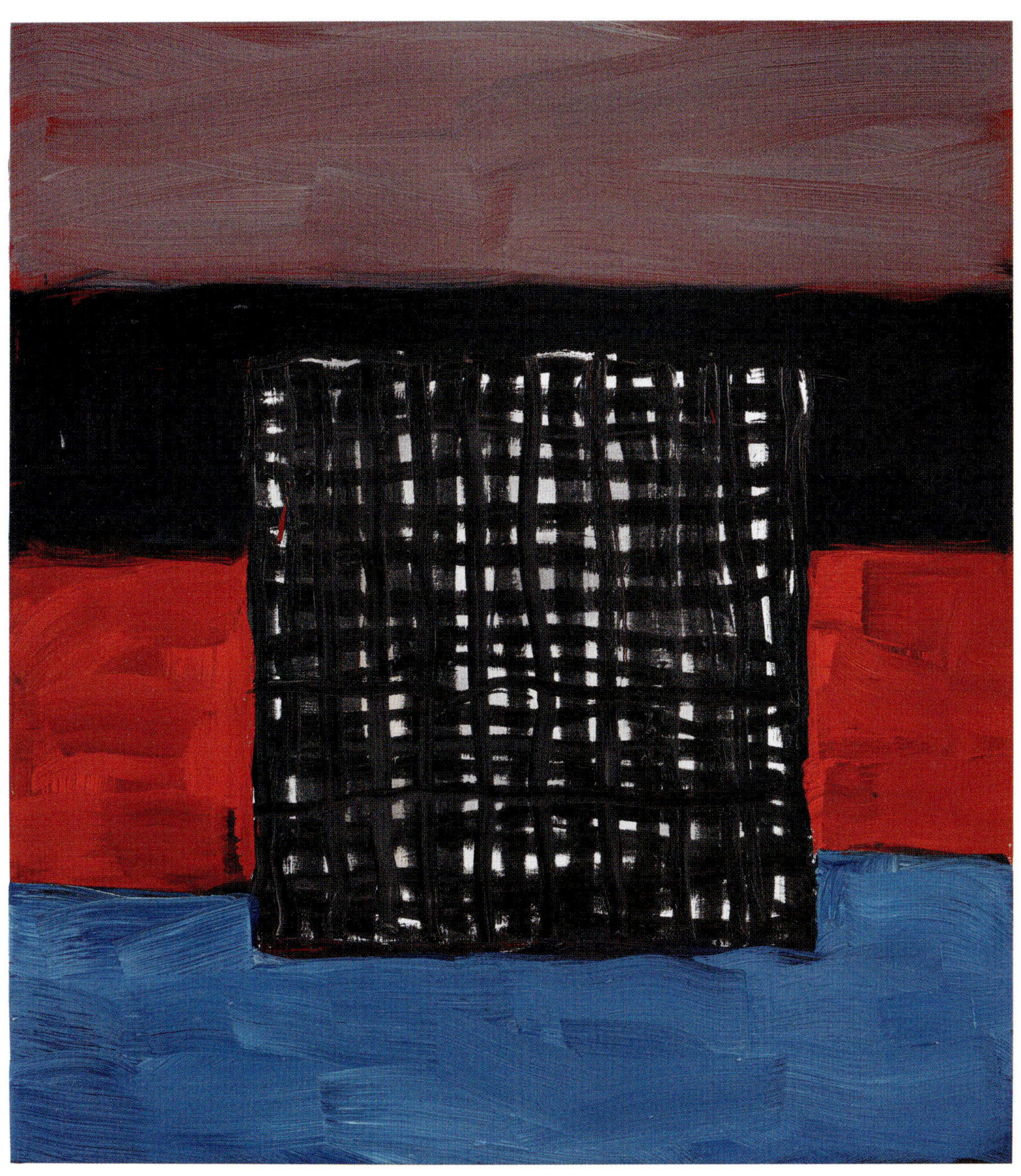

Aix Cage 2, 2021
Öl und Ölkreide auf Aluminium / Oil and oil pastel on aluminum
101,5 × 89 cm

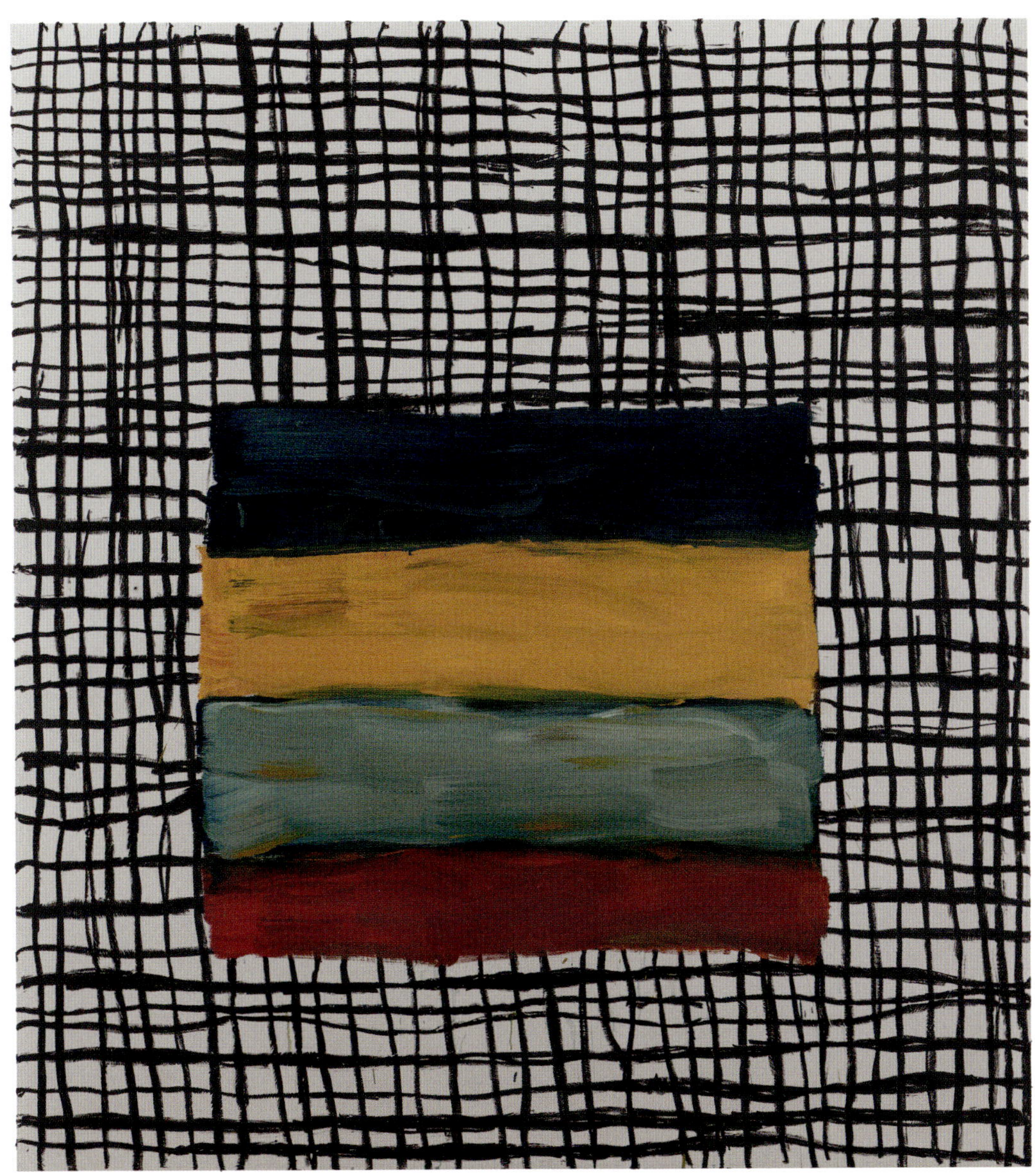

Cage Jade, 2021
Öl und Ölkreide auf Aluminium / Oil and oil pastel on aluminum
215,9 × 190,5 cm

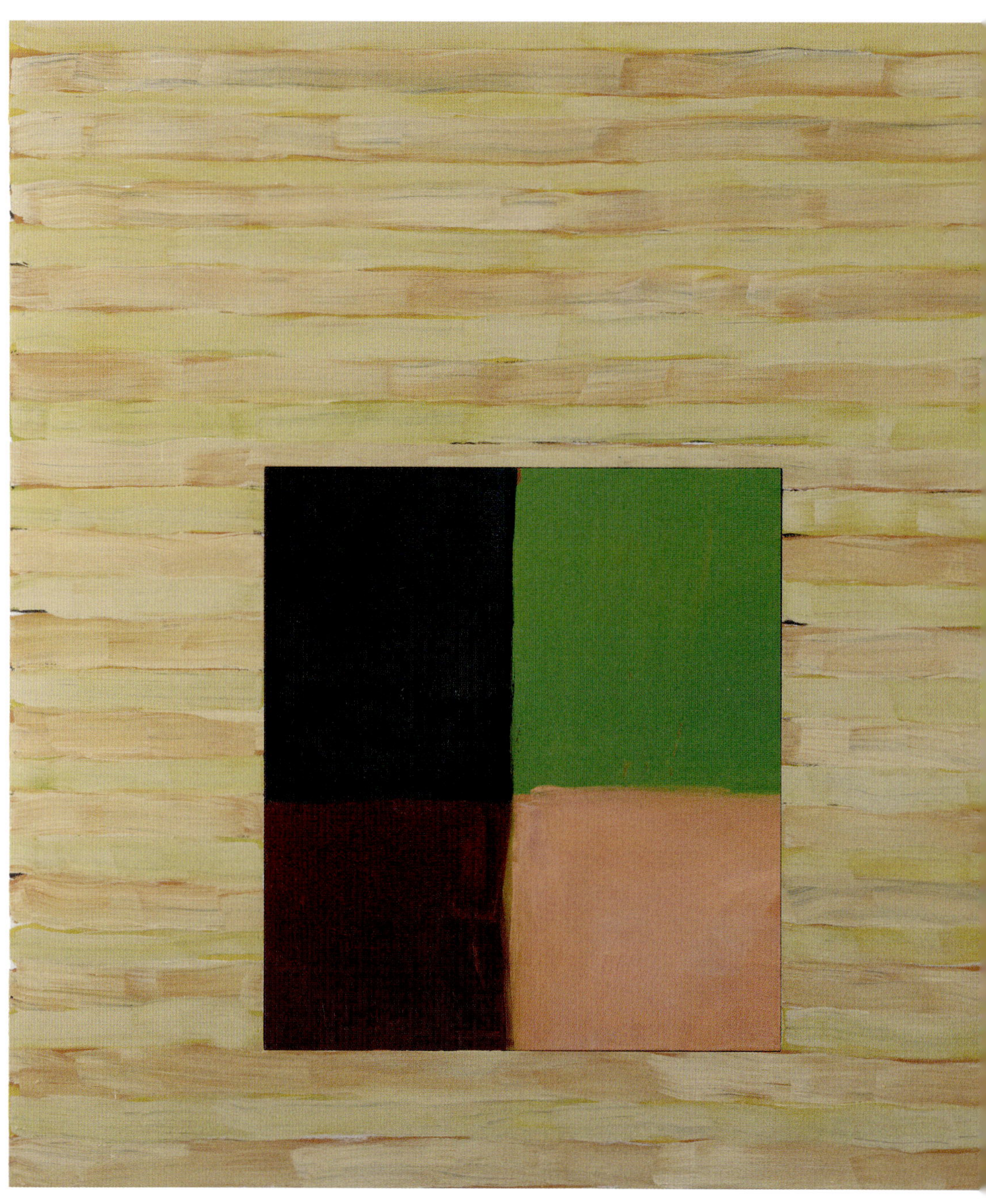

Migration, 2021
Öl und Ölkreide auf Aluminium / Oil and oil pastel on aluminum
215,9 × 381 cm

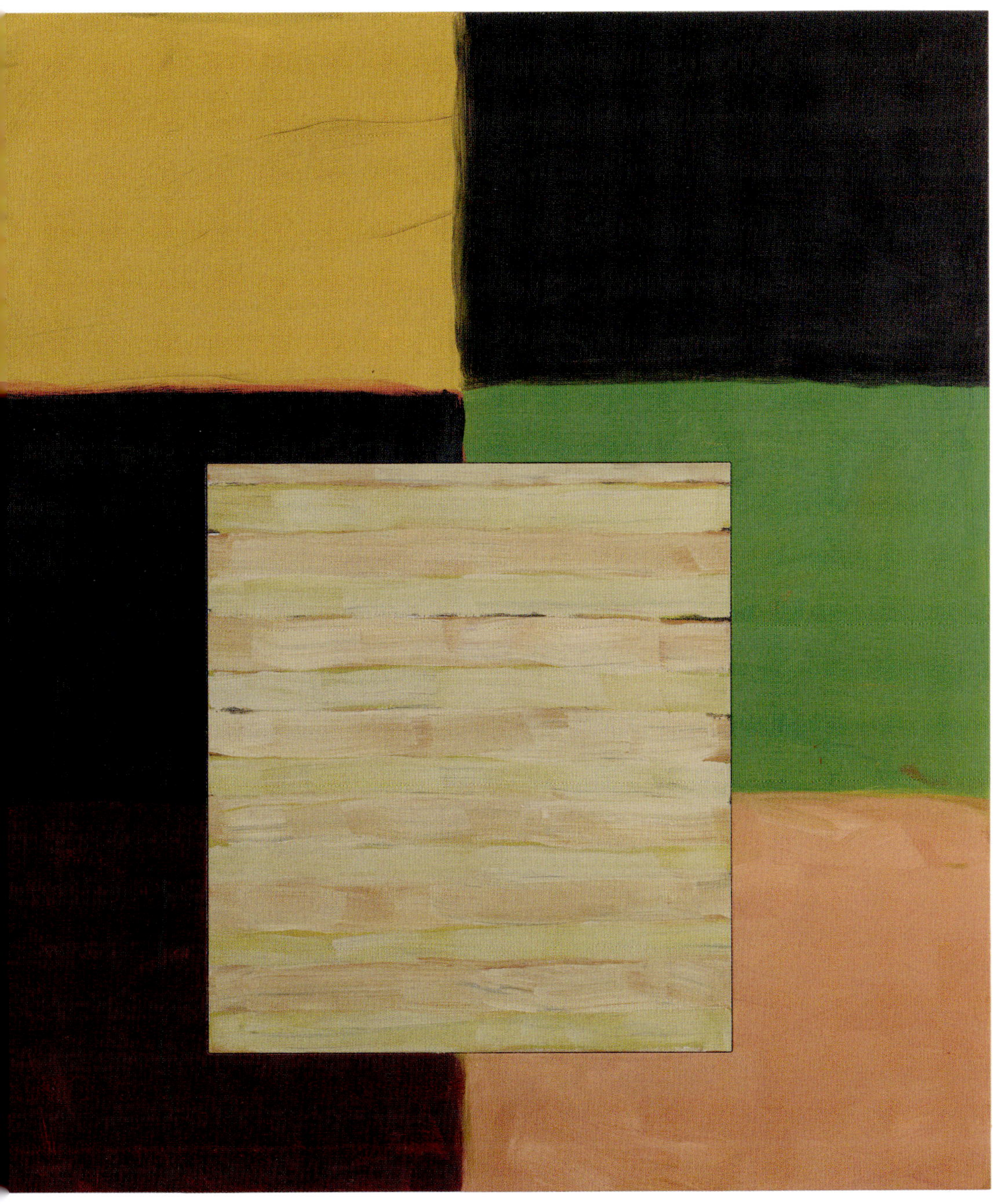

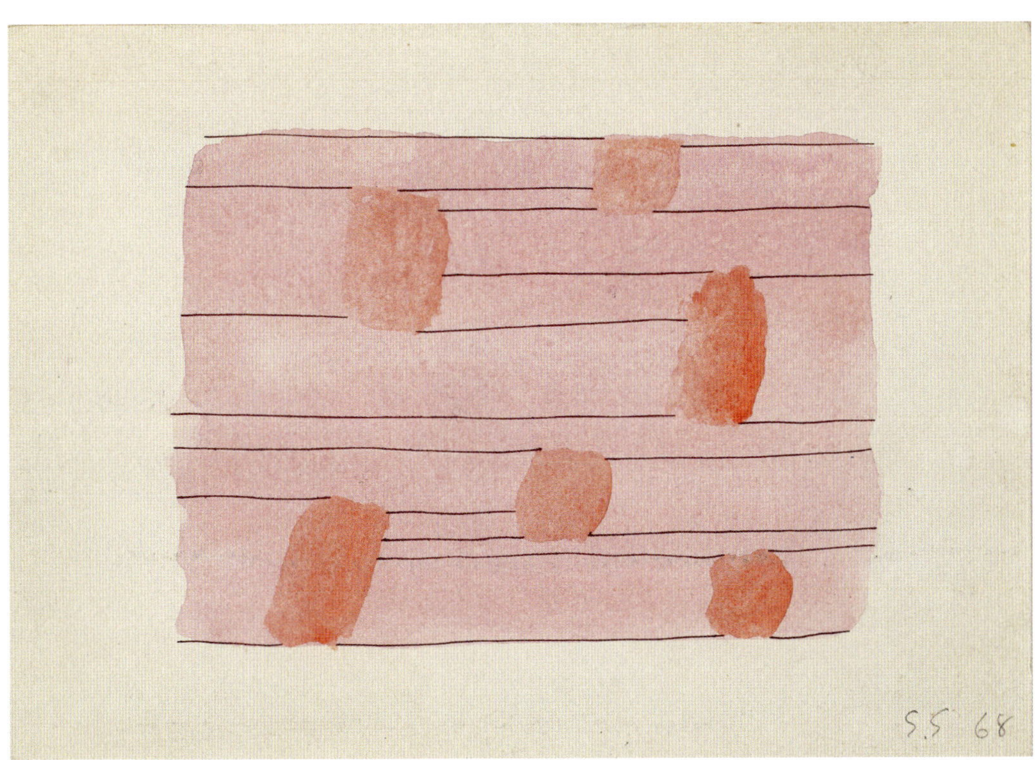

Untitled, 1968
Gouache auf Karton / Gouache on cardstock
14,6 × 20,3 cm

Untitled, 1968
Gouache auf Karton / Gouache on cardstock
16,5 × 24,8 cm

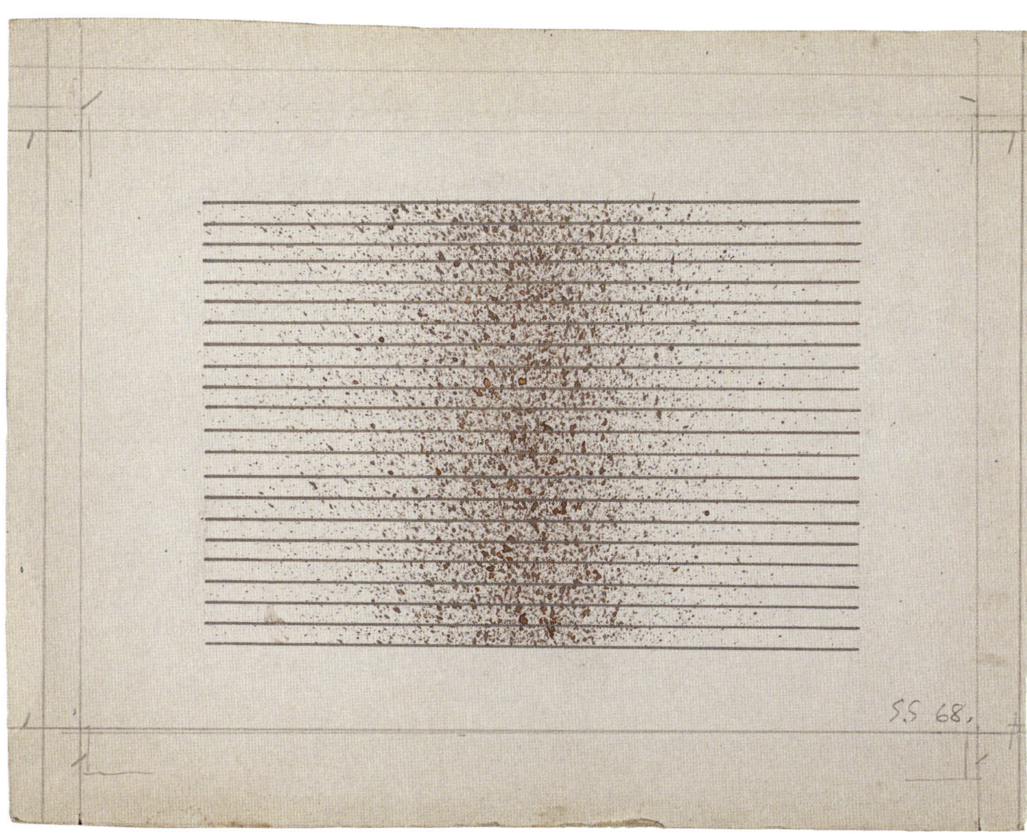

Untitled, 1968
Gouache auf Karton / Gouache on cardstock
17,8 × 24,8 cm

Untitled, 1968
Gouache auf Karton / Gouache on cardstock
17,8 × 24,1 cm

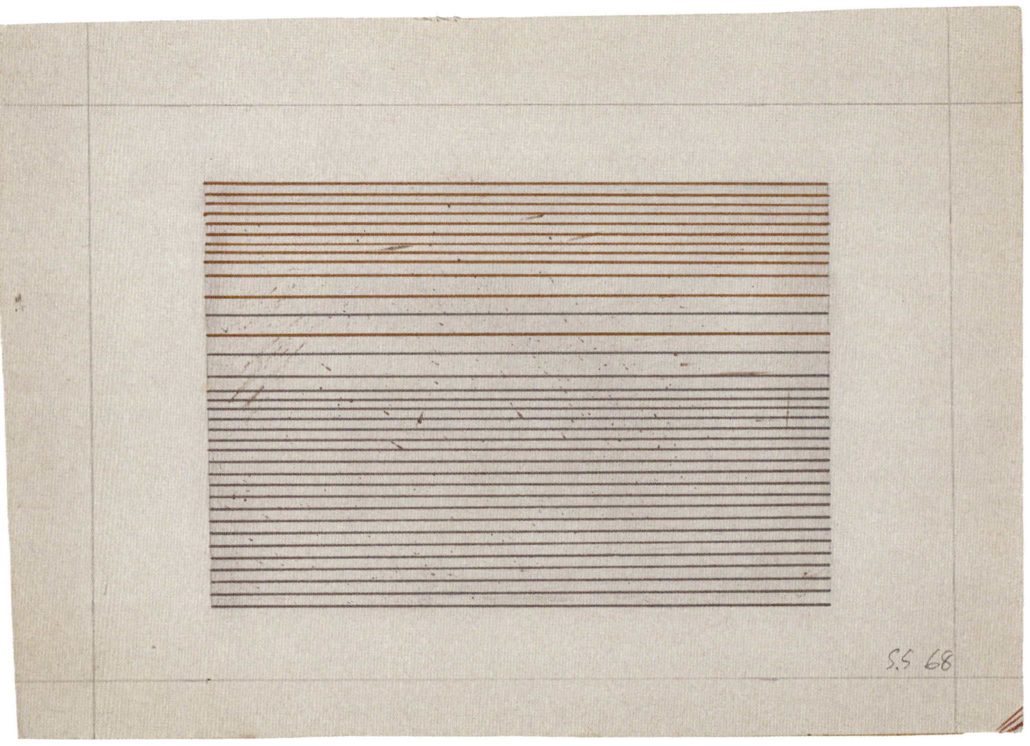

Untitled, 1968
Gouache auf Karton / Gouache on cardstock
17,8 × 24,8 cm

Untitled, 1968
Gouache auf Karton / Gouache on cardstock
17,8 × 24,8 cm

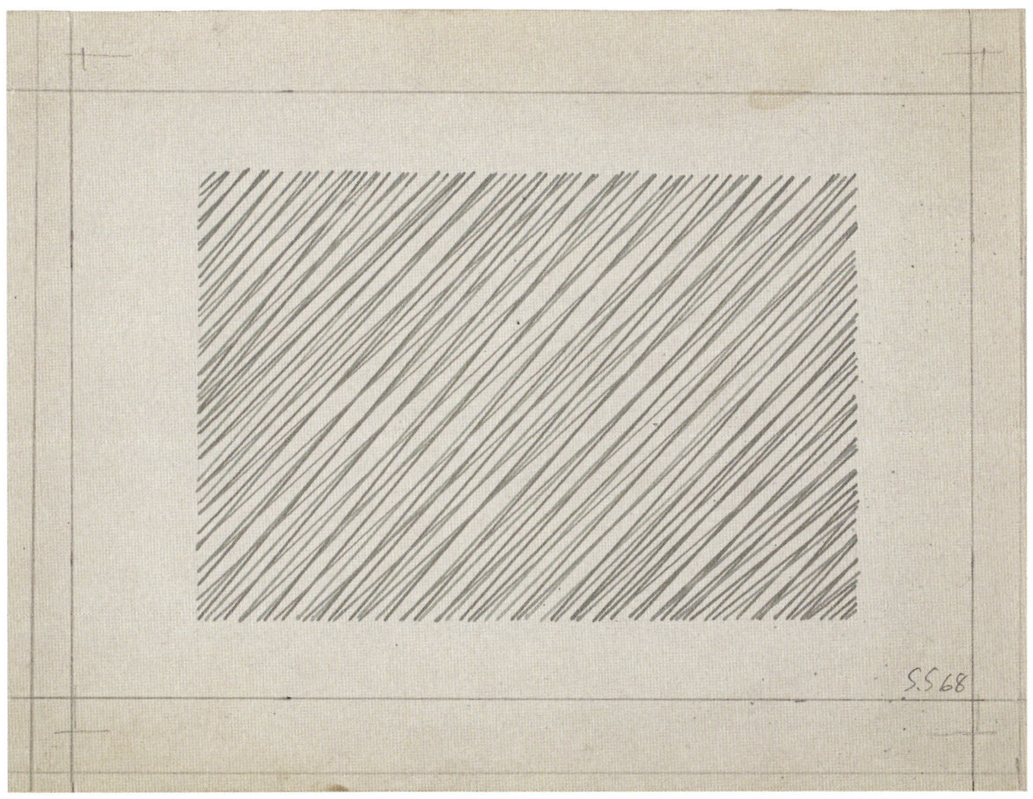

Untitled, 1968
Gouache auf Karton / Gouache on cardstock
17,8 × 24,1 cm

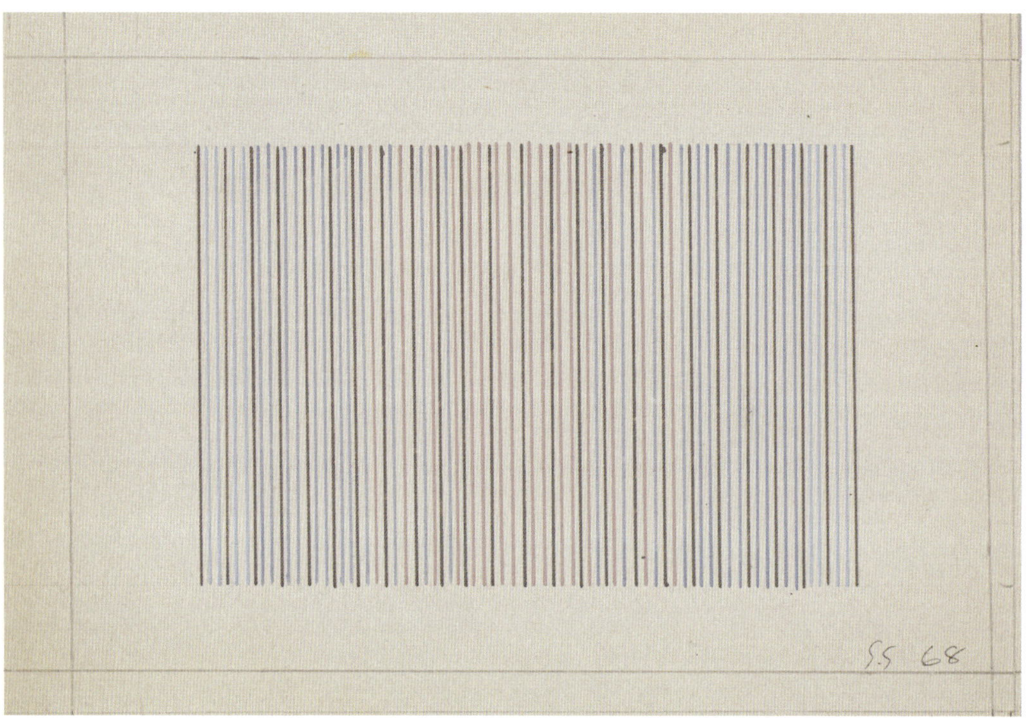

Untitled, 1968
Gouache auf Karton / Gouache on cardstock
17,8 × 24,1 cm

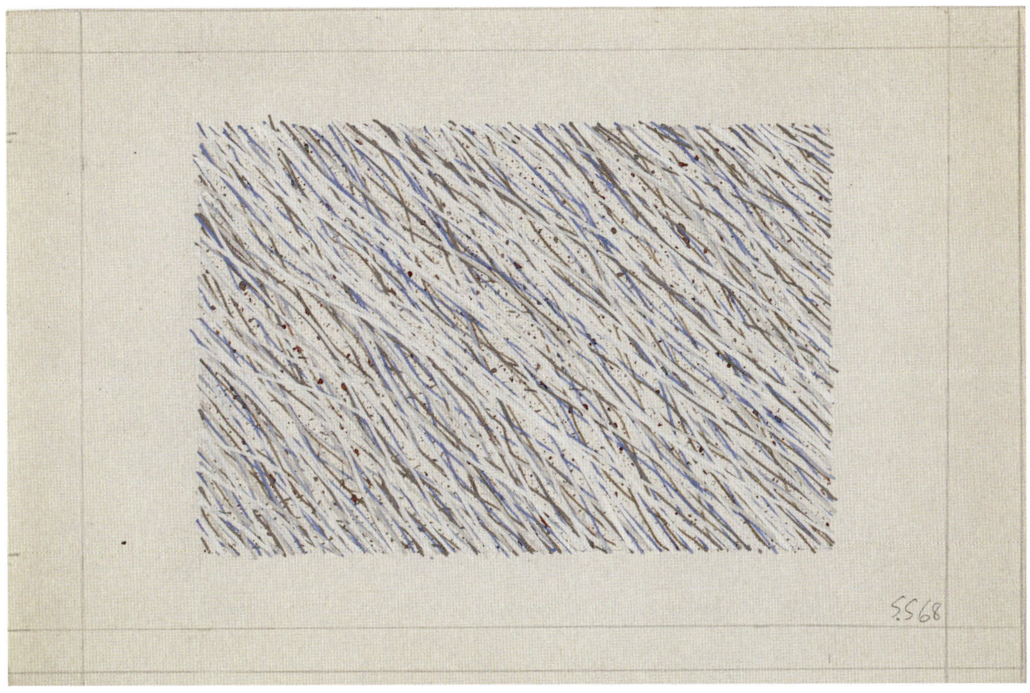

Untitled, 1968
Gouache auf Karton / Gouache on cardstock
16,5 × 24,8 cm

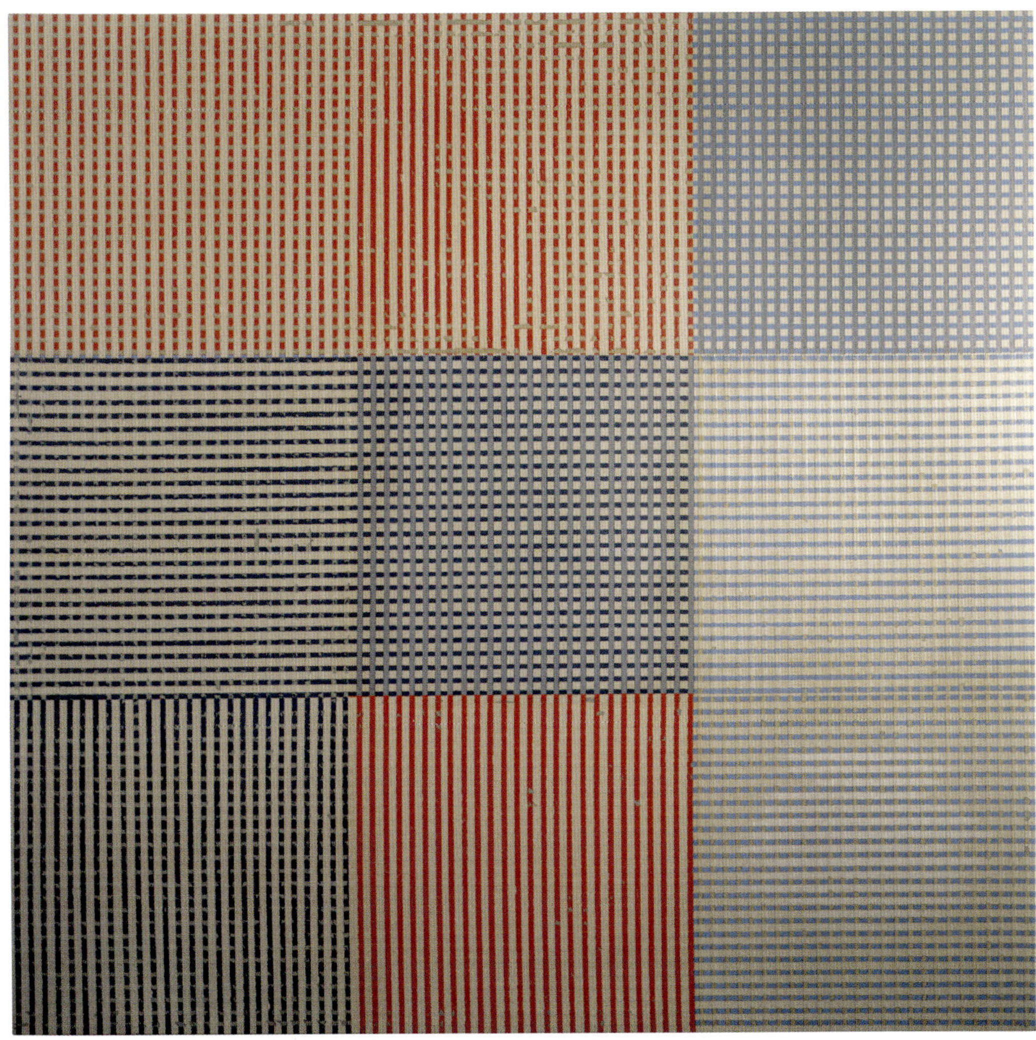

Hidden Drawing #3, 1975
Acryl und Klebeband auf Leinwand / Acrylic and tape on canvas
213,4 × 213,4 cm

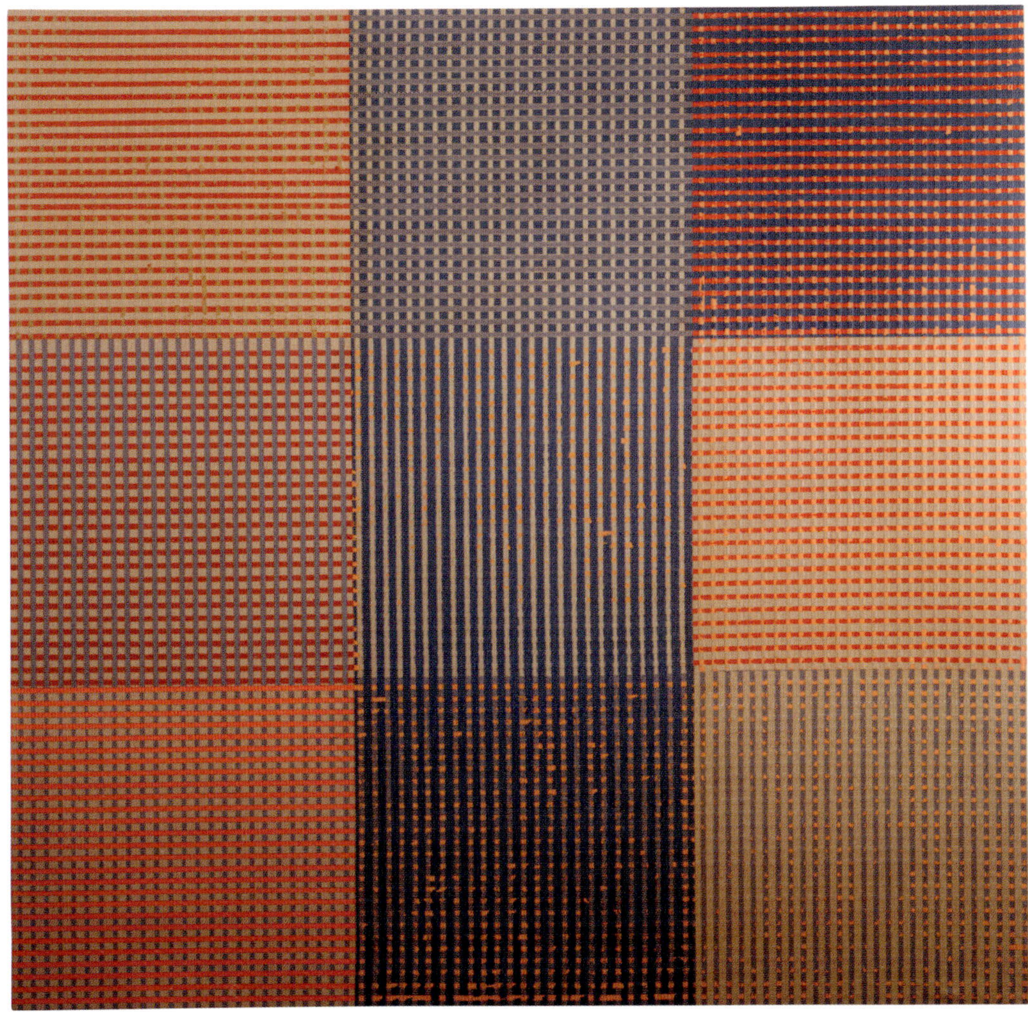

Hidden Drawing #2, 1975
Acryl und Klebeband auf Leinwand / Acrylic and tape on canvas
213,4 × 213,4 cm

Change I, 1975
Acryl und Klebeband auf Leinwand / Acrylic and tape on canvas
76,2 × 304,8 cm

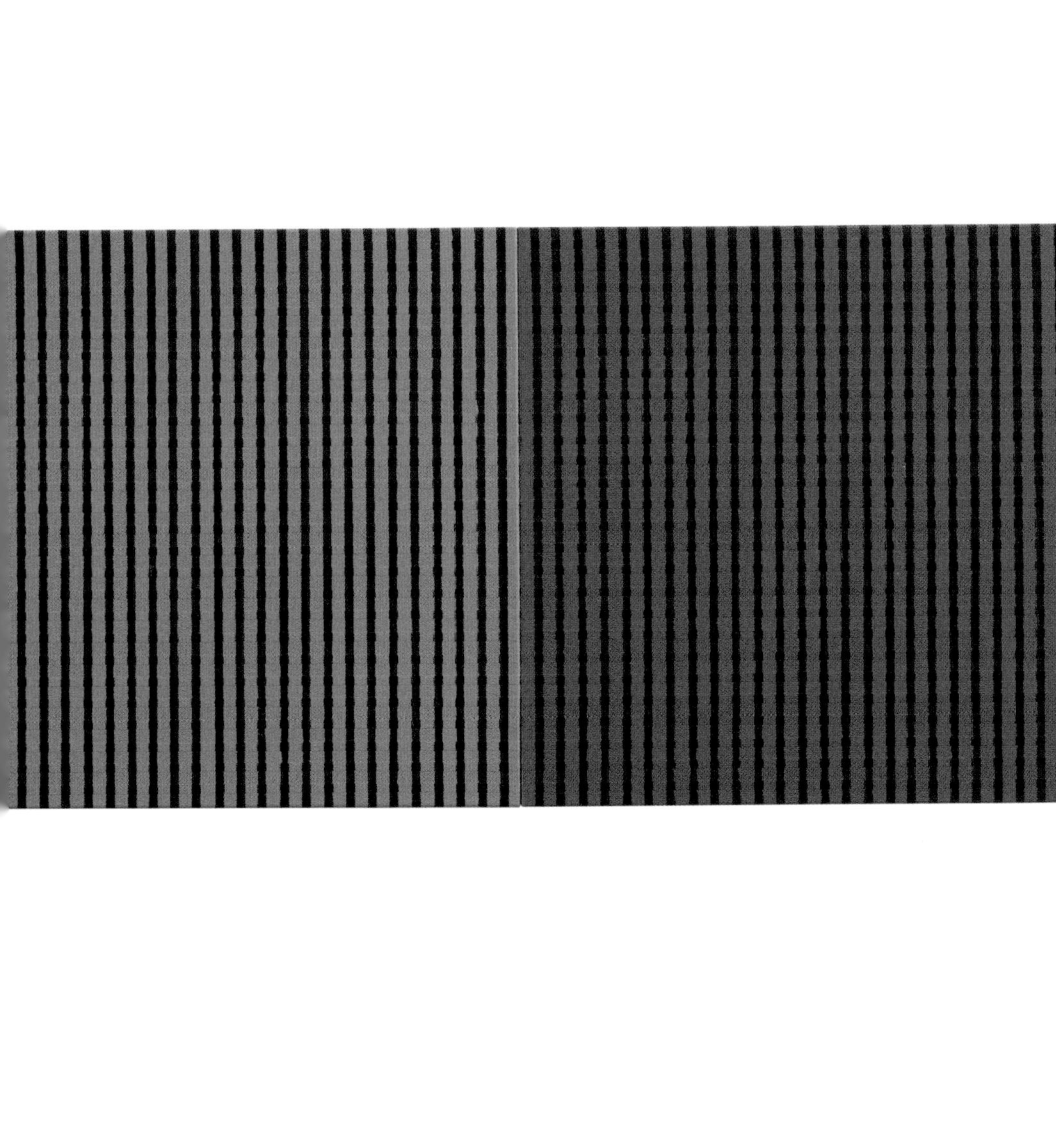

Venice Sleeper, 2019
Eisenbahnschwellen / Railway sleepers
4,3 × 2,1 × 2,1 m

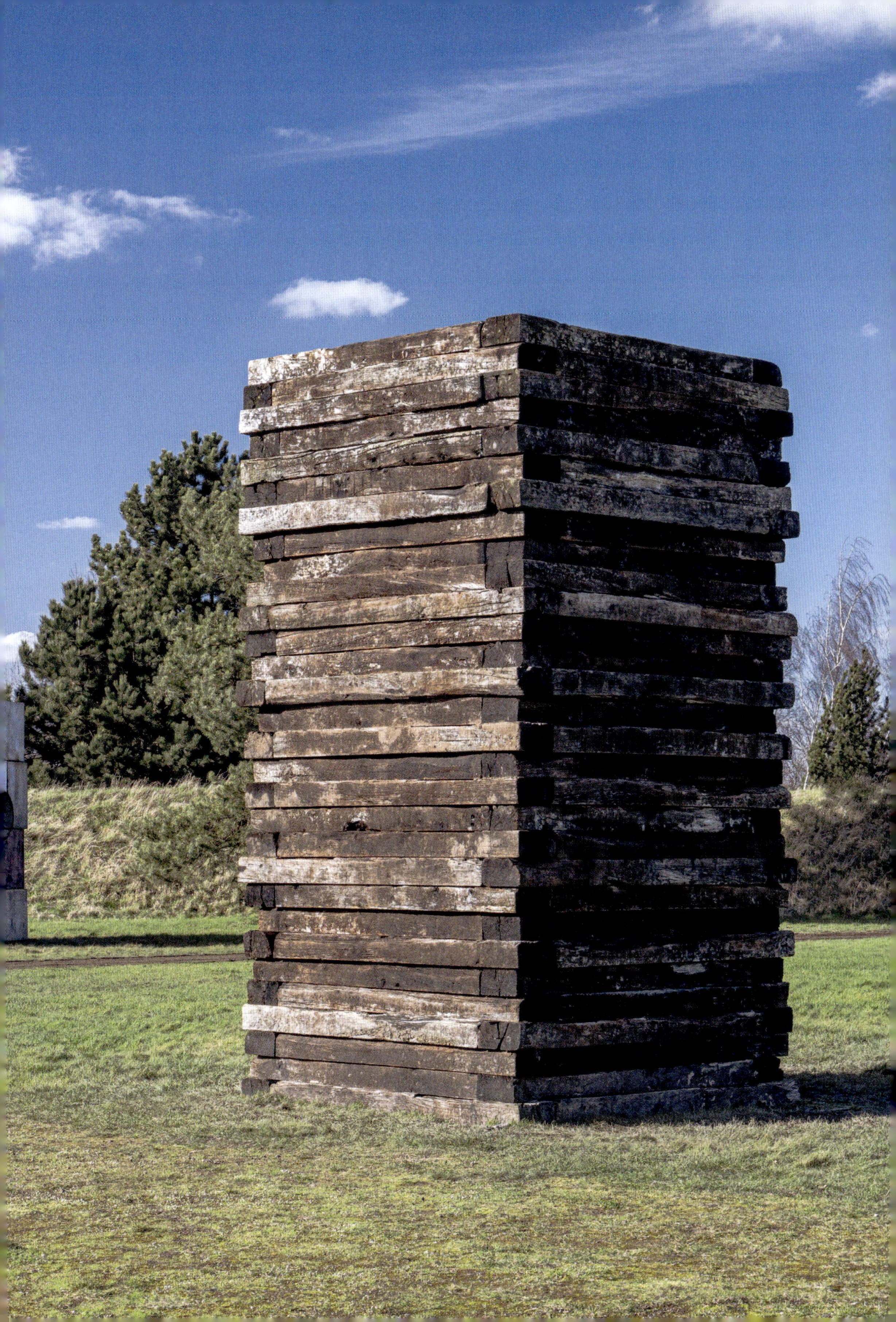

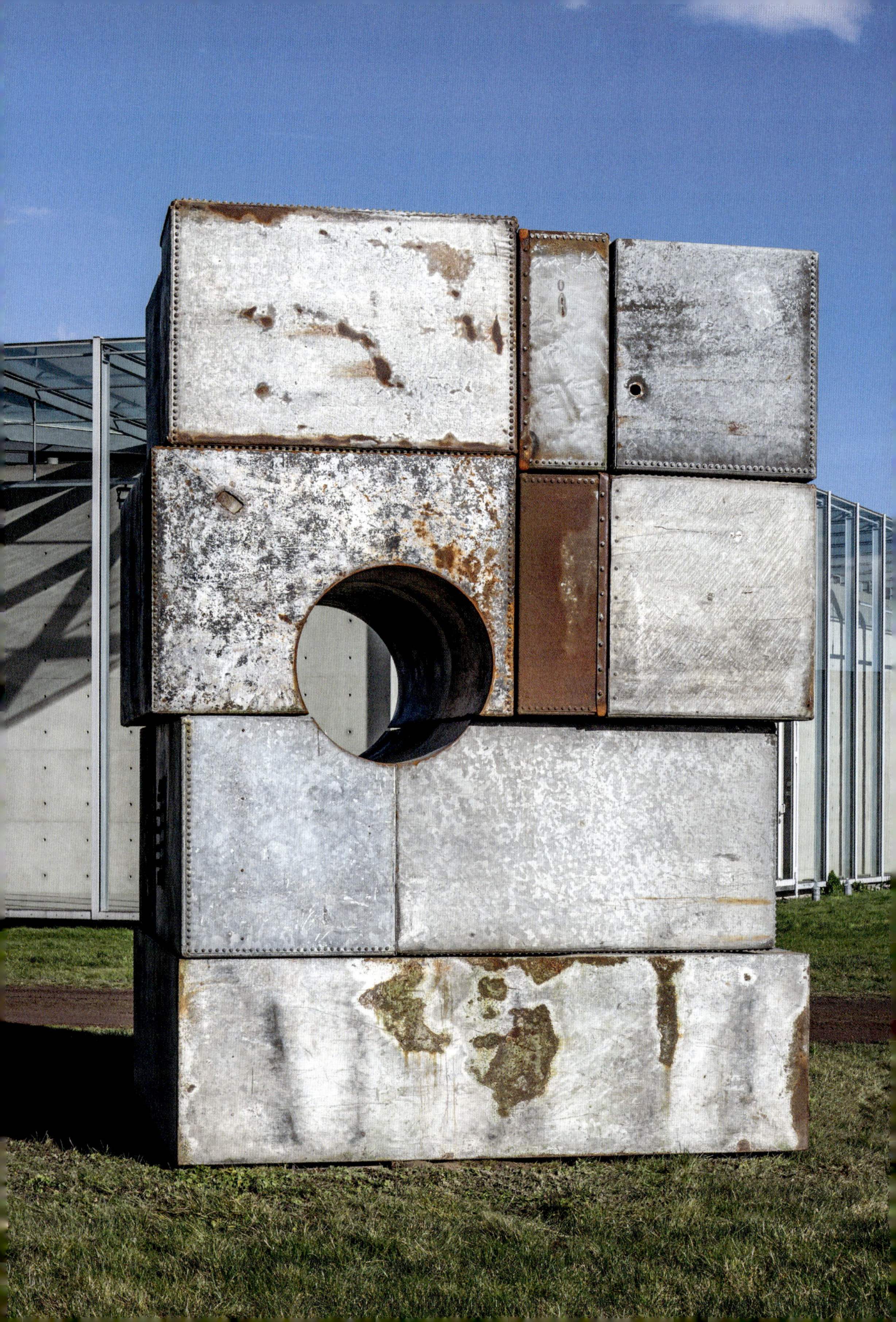

Zinc Shot, 2020
Galvanisierte Wassertanks / Galvanised water tanks
3,5 × 2,4 × 2,4 m

Air Cage, 2020
Cortenstahl / Corten steel
5,1 × 3,3 × 3,6 m

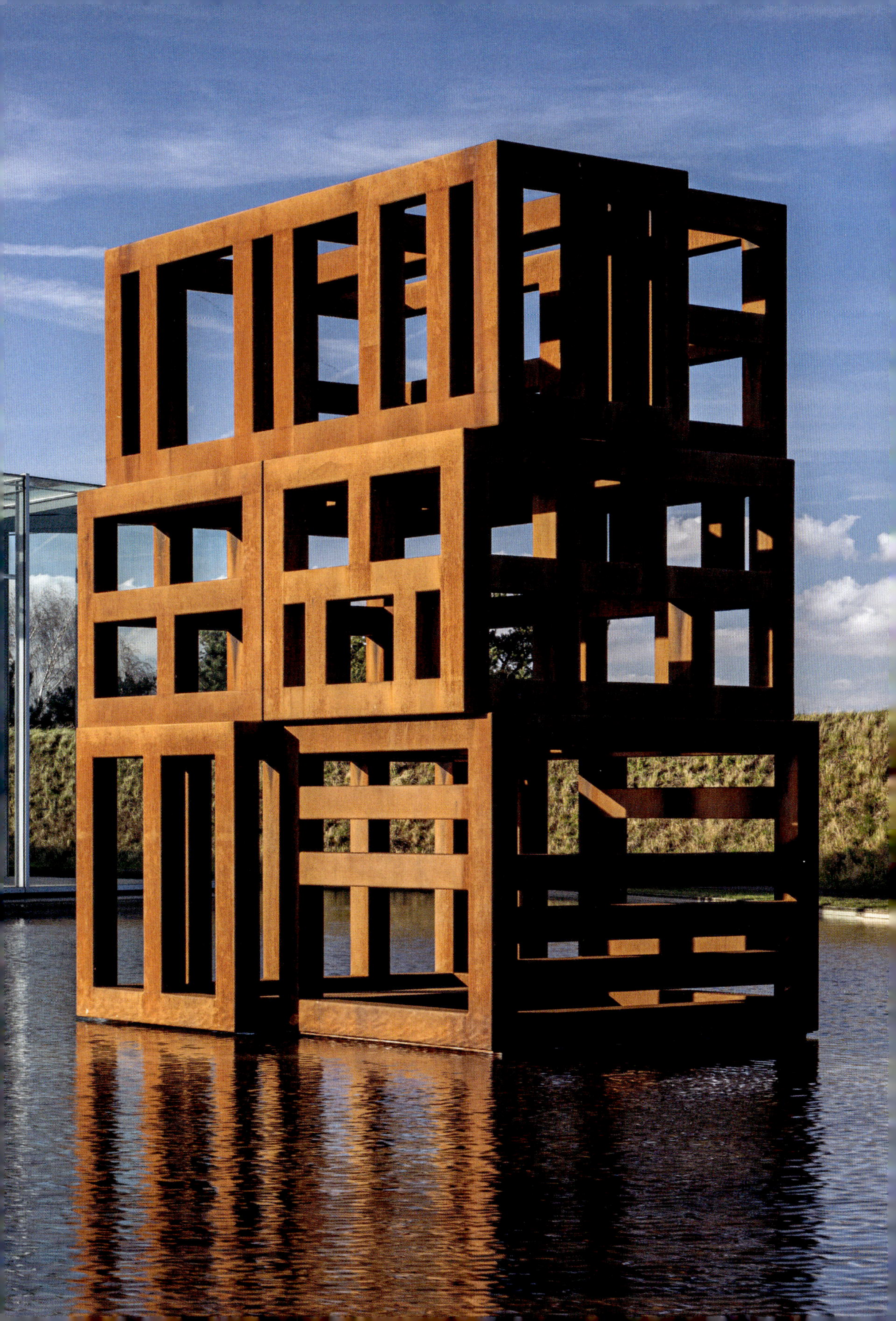

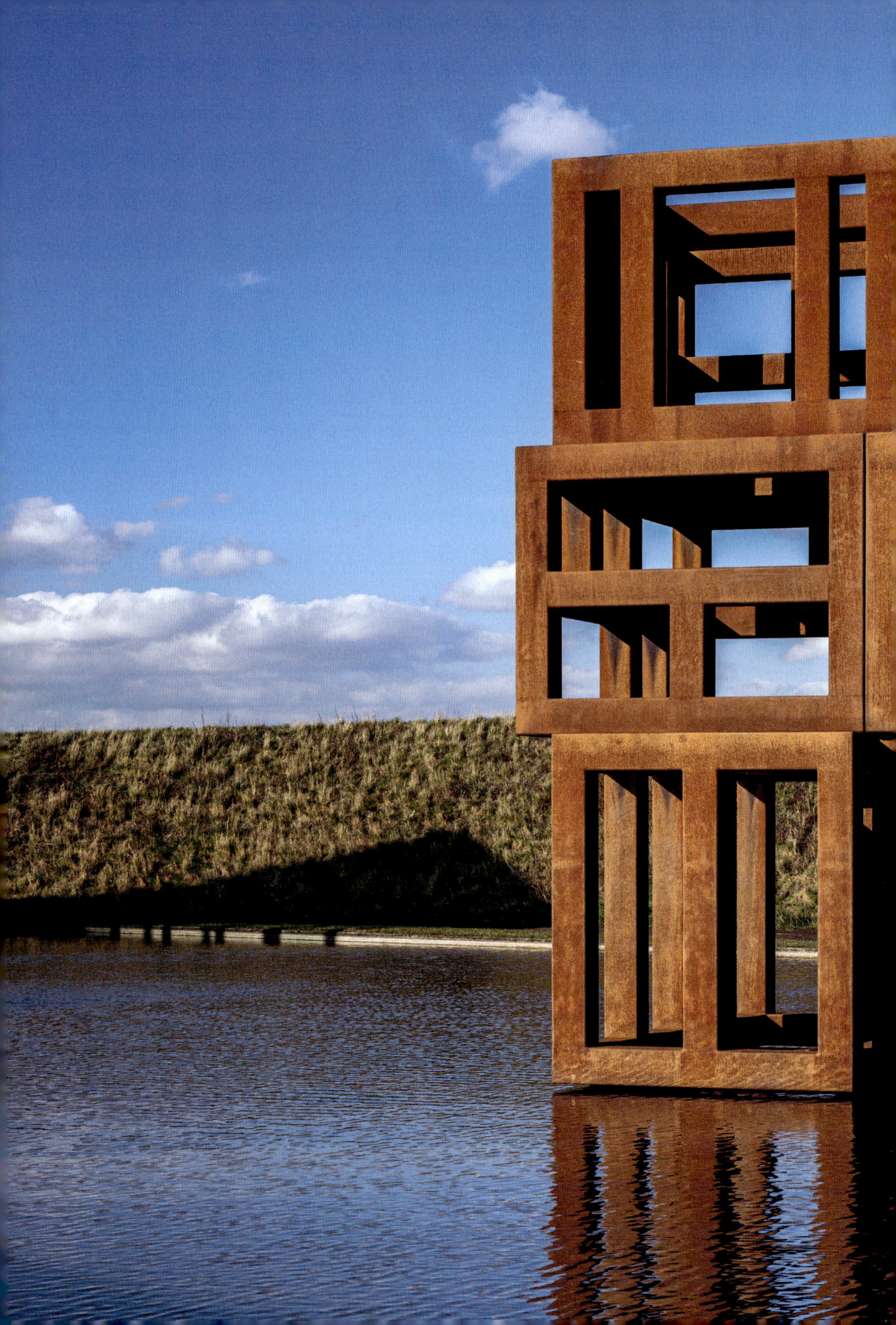

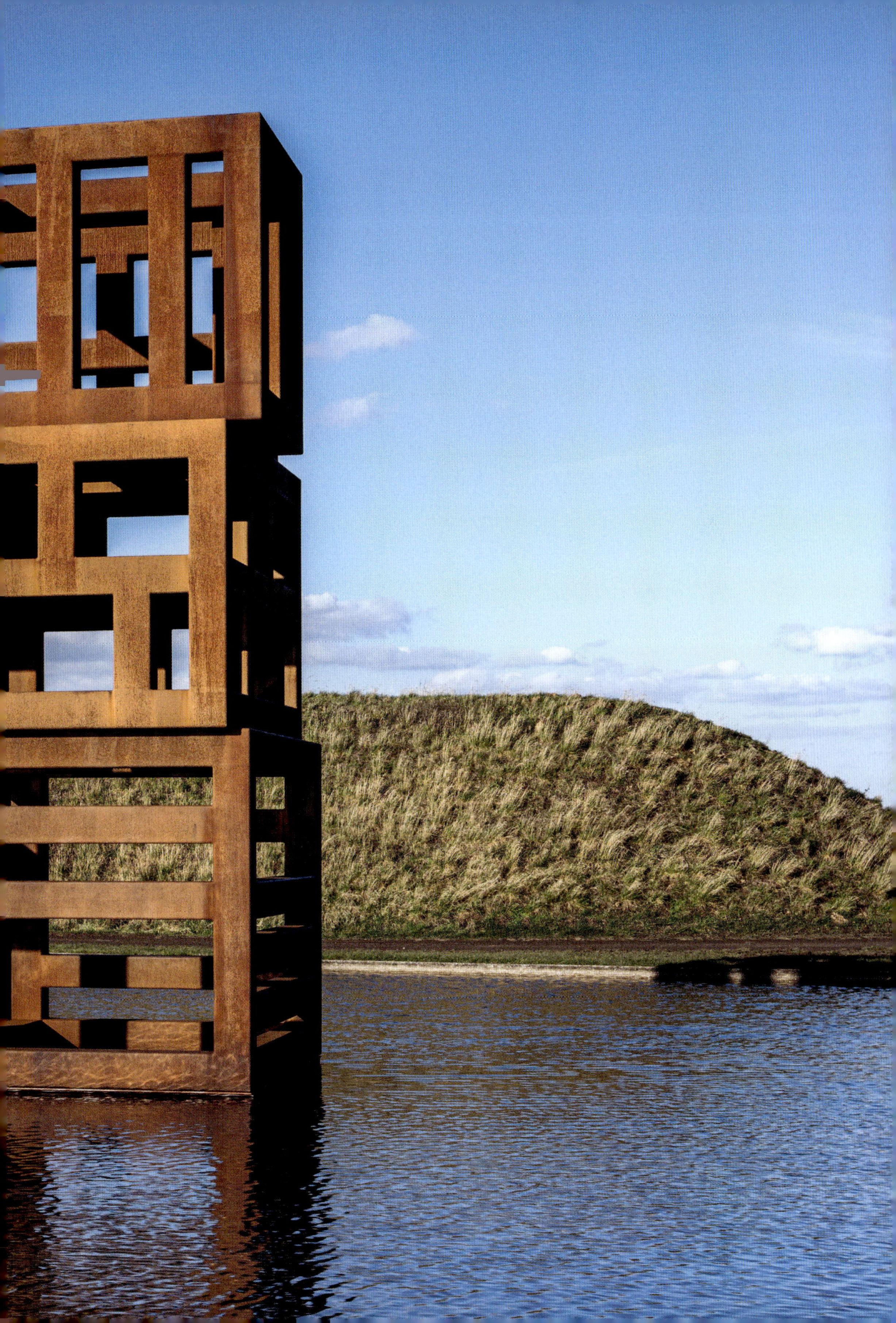

Standing, 1986
Öl auf Leinwand / Oil on linen
274,3 × 243,8 cm

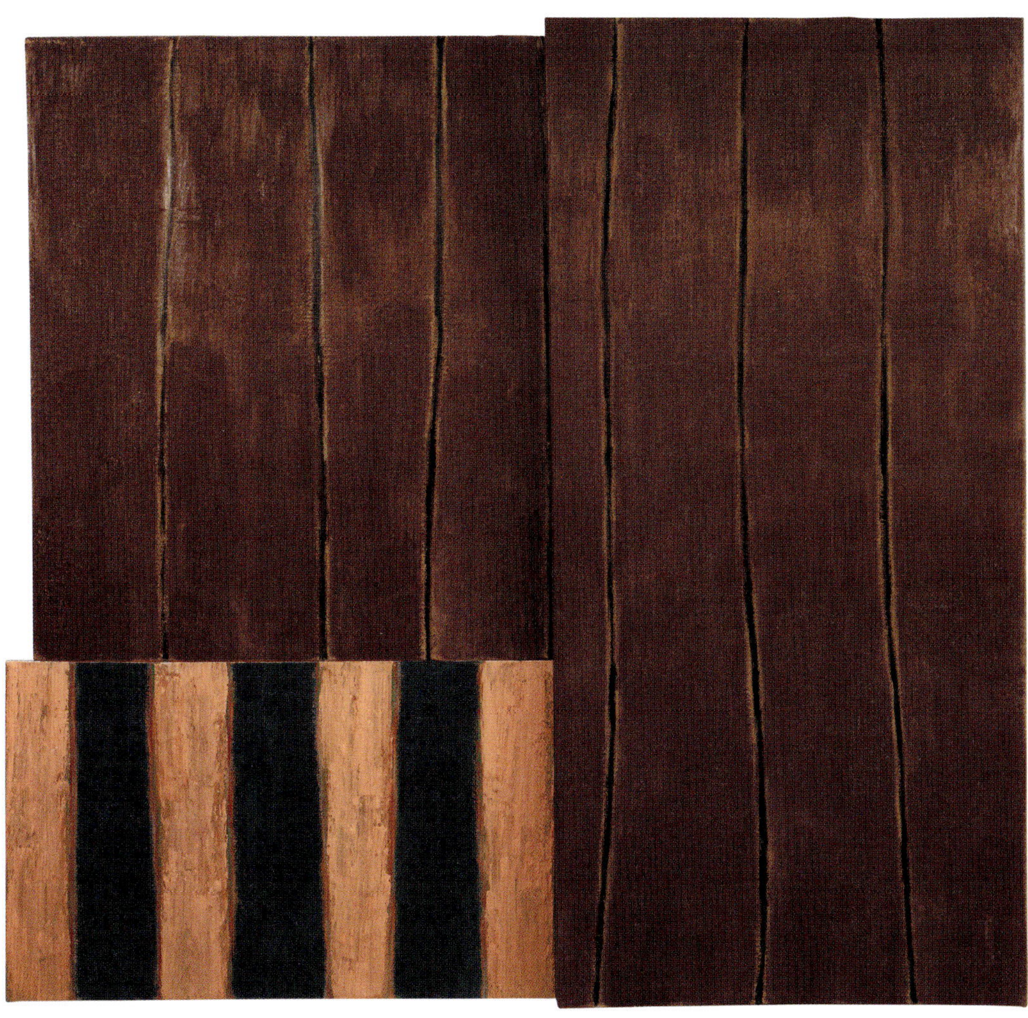

Outback, 1984
Öl auf Leinwand / Oil on linen
259,1 × 276,9 cm

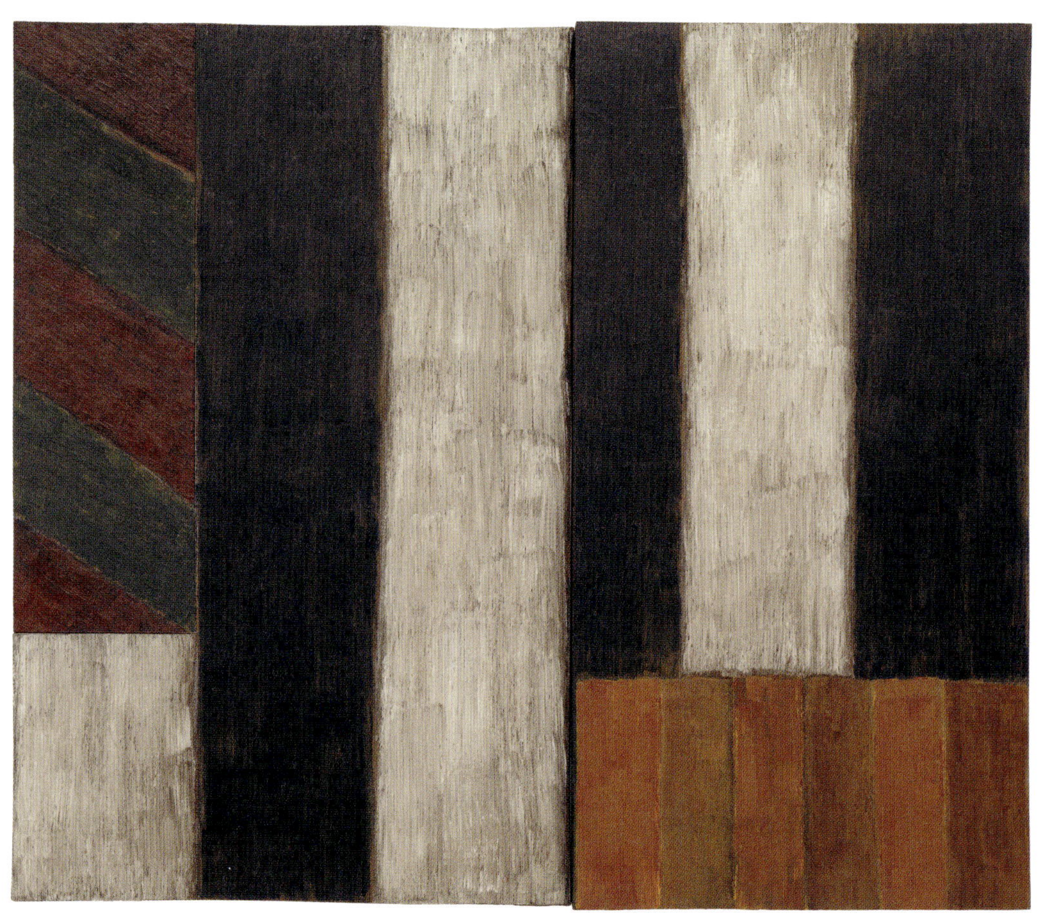

Whisper, 1985
Öl auf Leinwand / Oil on linen
243,8 × 280 cm

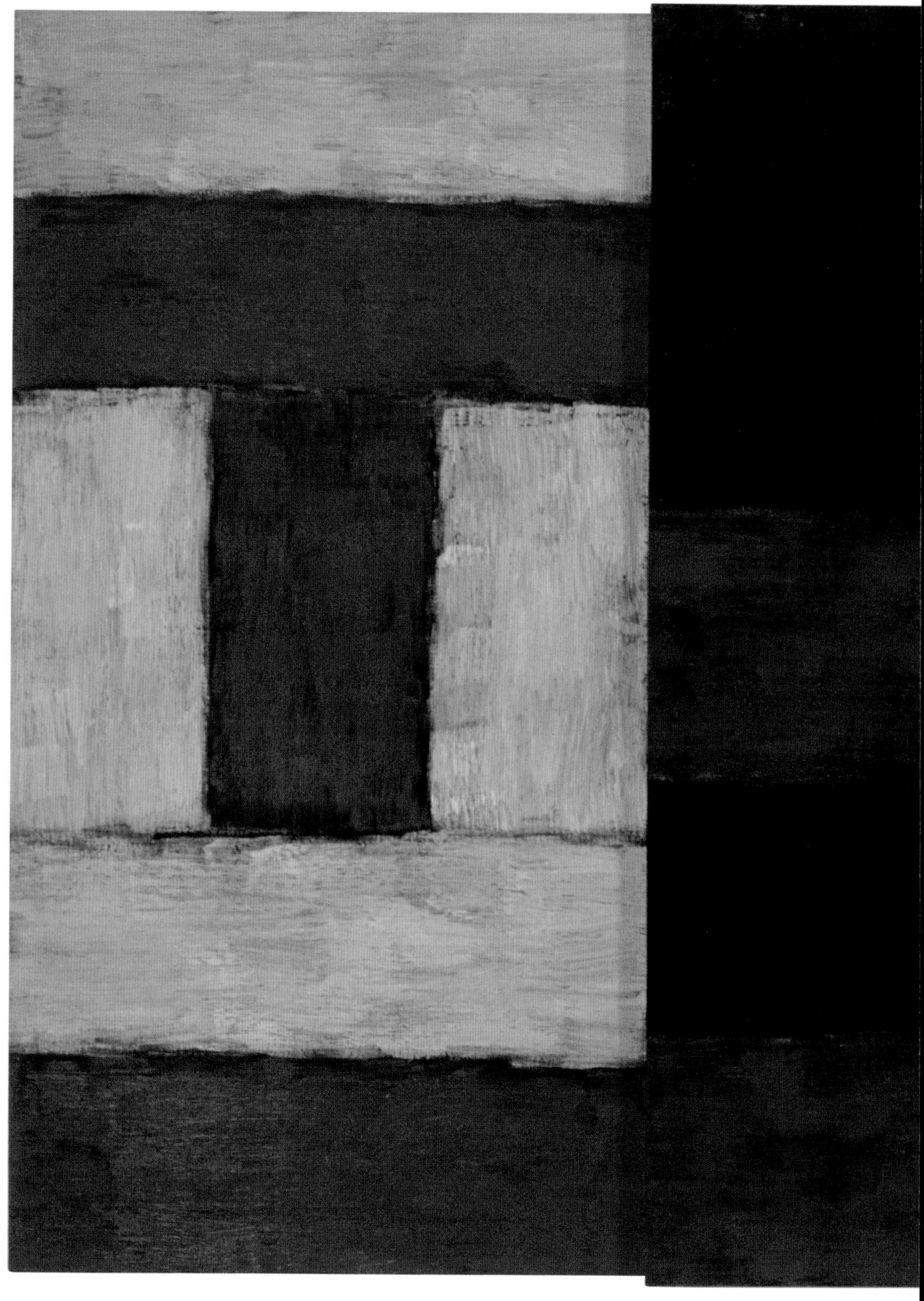

Day Night, 1990
Öl auf Leinwand / Oil on linen
254 × 381 cm

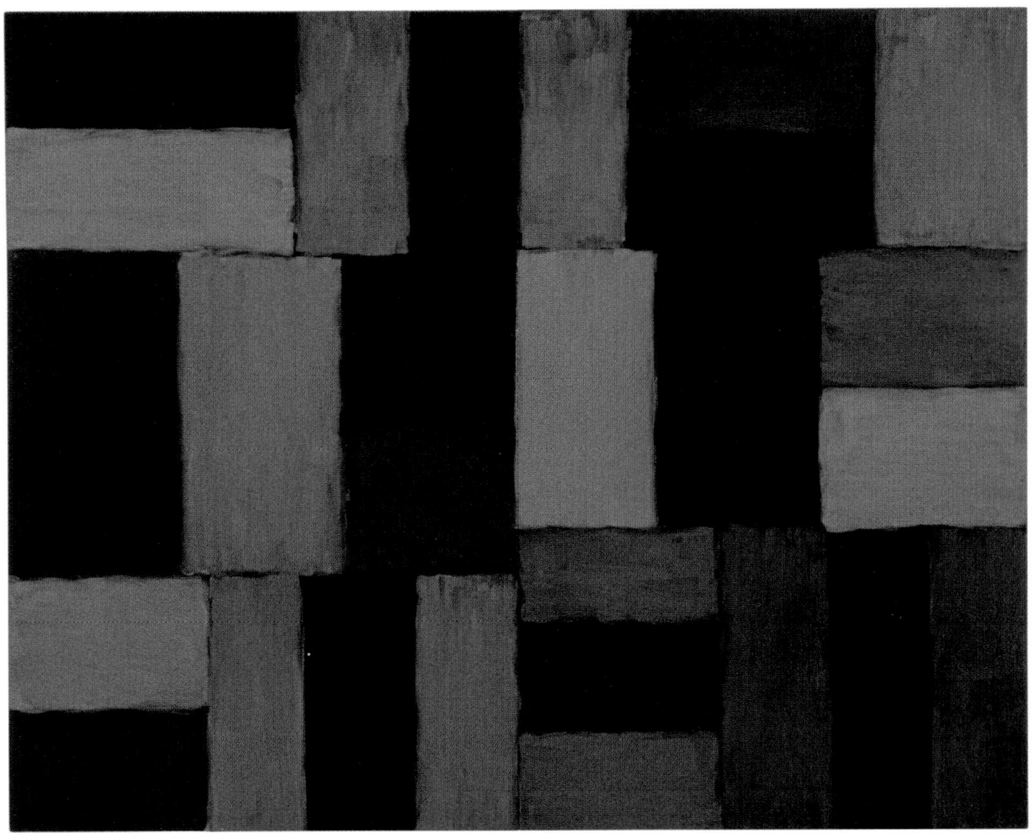

Wall of Light Red Sea, 2008
Öl auf Leinwand / Oil on linen
274 × 335 cm

Dark Wall 5.06, 2006
Öl auf Leinwand / Oil on linen
214 × 182 cm

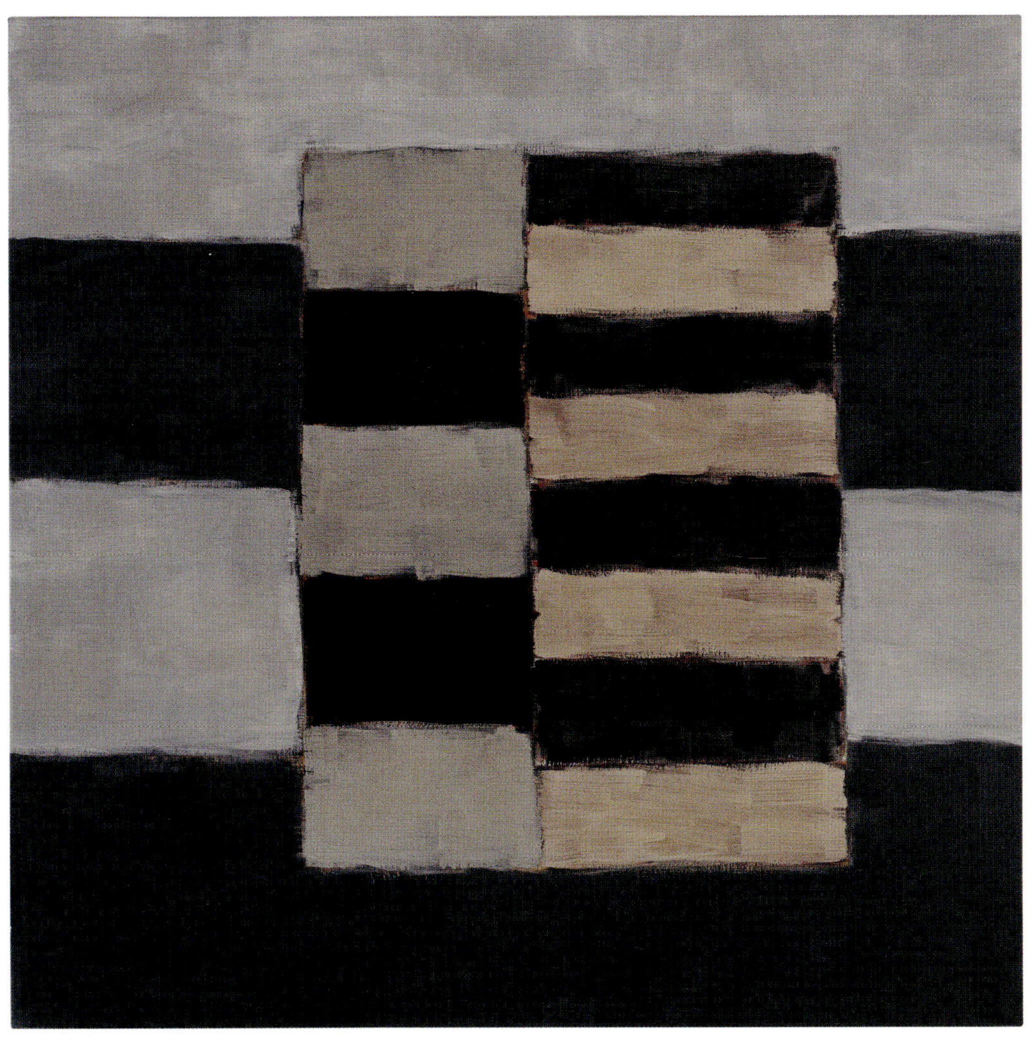

Passenger Night, 1998
Öl auf Leinwand / Oil on linen
182,8 × 182,8 cm

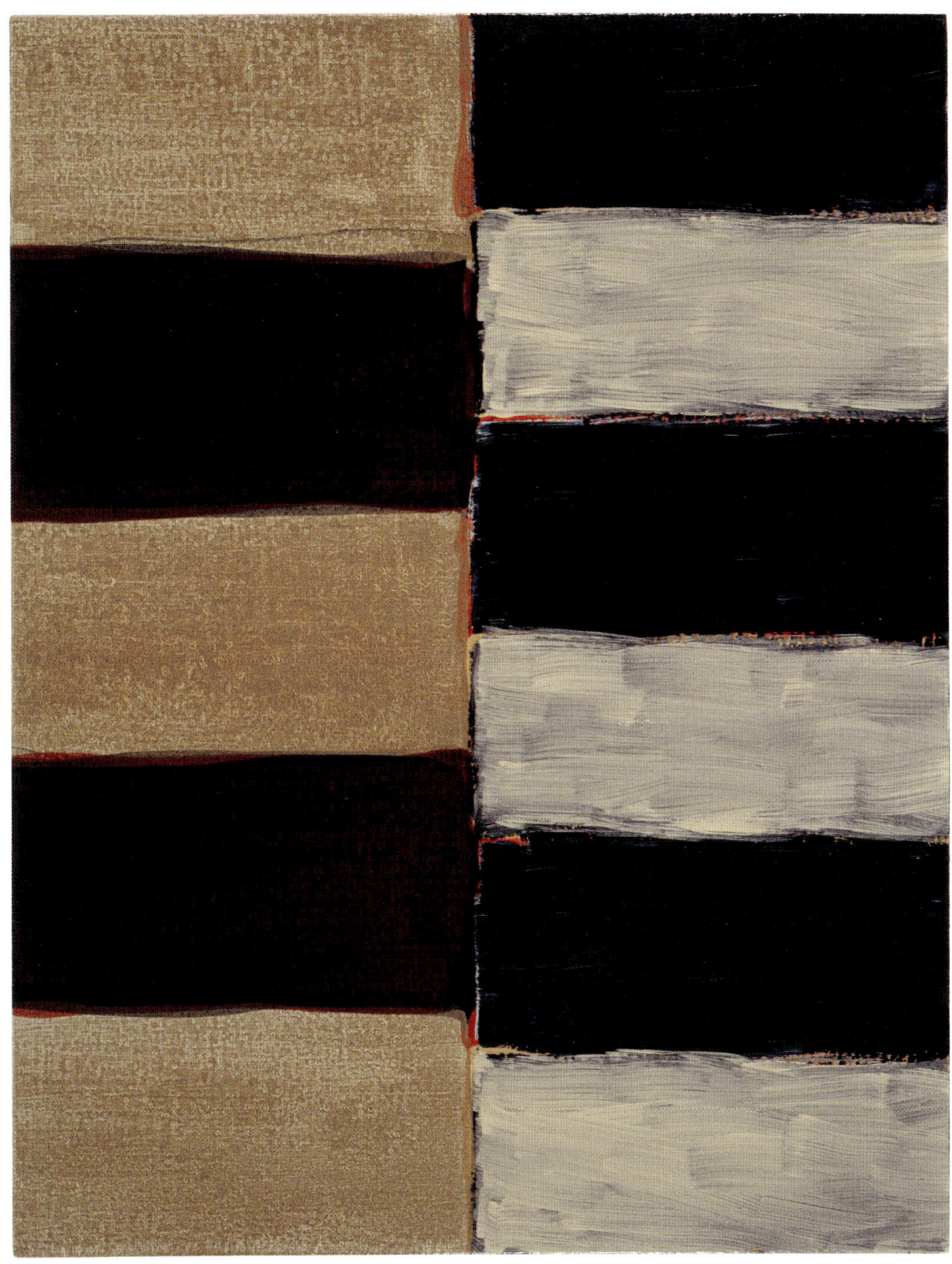

Barcelona Mirror 10.10.99, 1999
Öl auf Leinwand auf Holz / Oil on linen on wood
80 × 60,5 cm

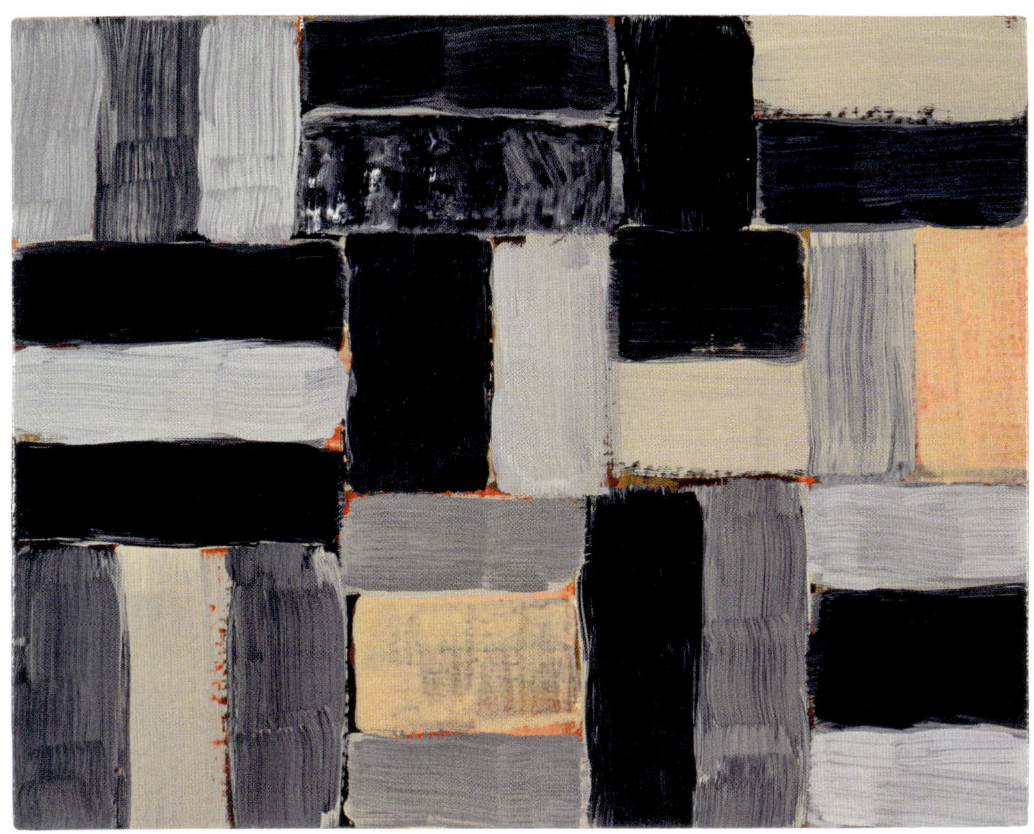

Barcelona 9.9.99, 1999
Öl auf Leinwand auf Holz / Oil on linen and board
40,6 × 51 cm

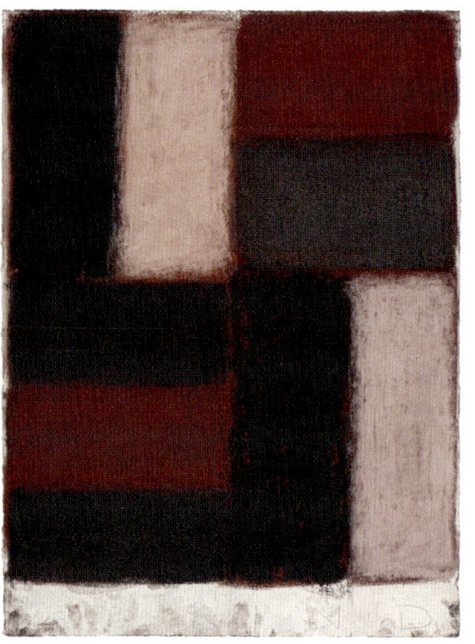 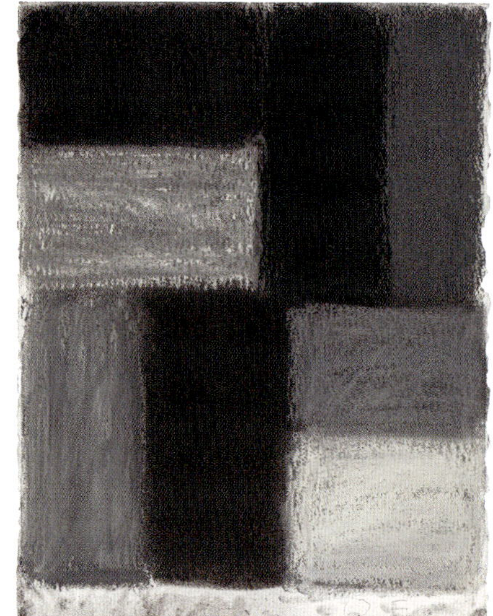 

Kind of Red, 2014
Pastellkreide auf Papier / Pastel on paper
Je / each 76,2 × 55,9 cm

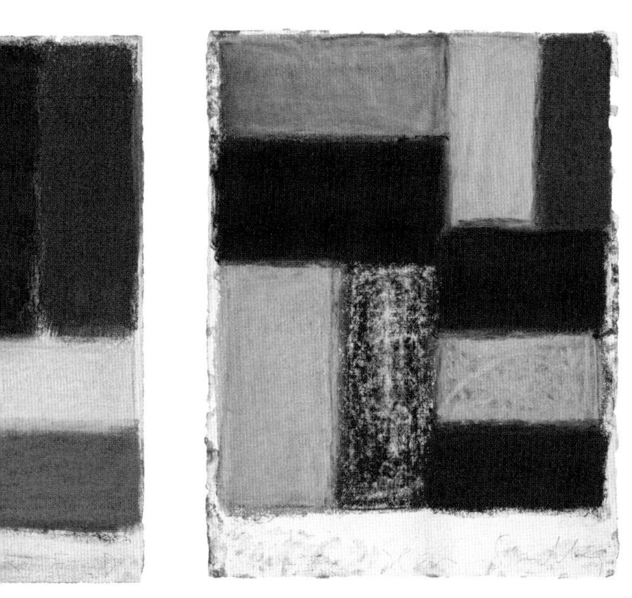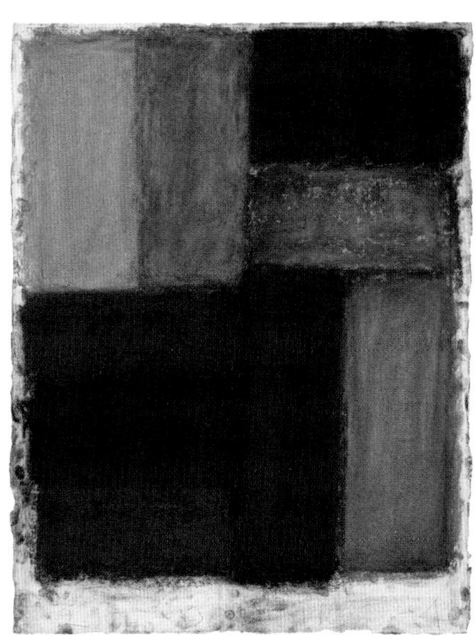

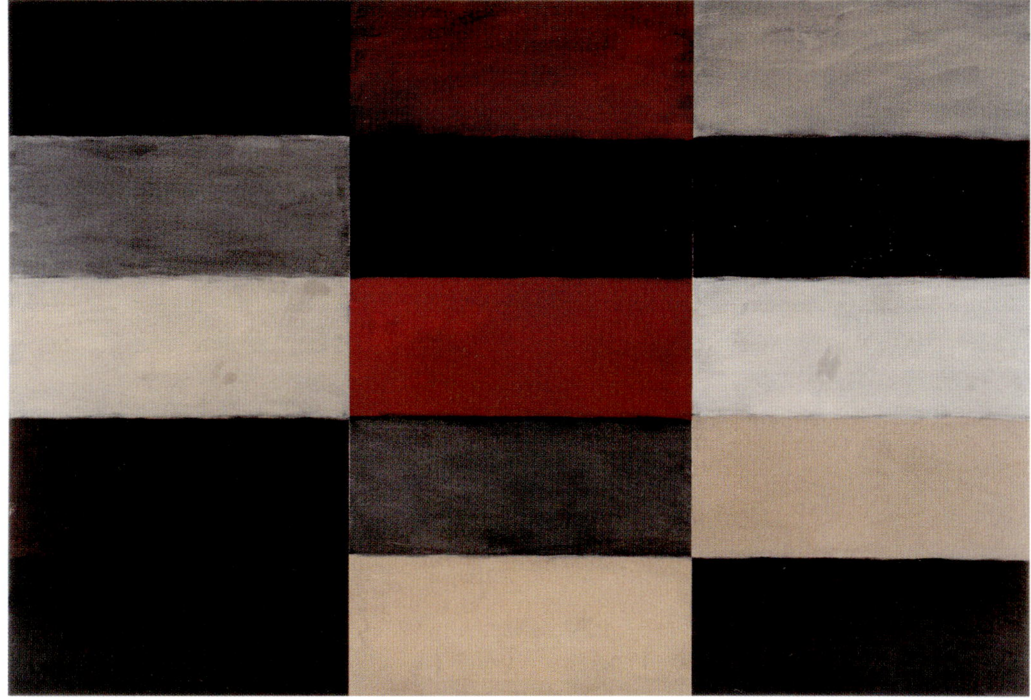

Big Robe Triptych, 2008
Öl auf Aluminium / Oil on aluminum
279,5 × 406,5 cm

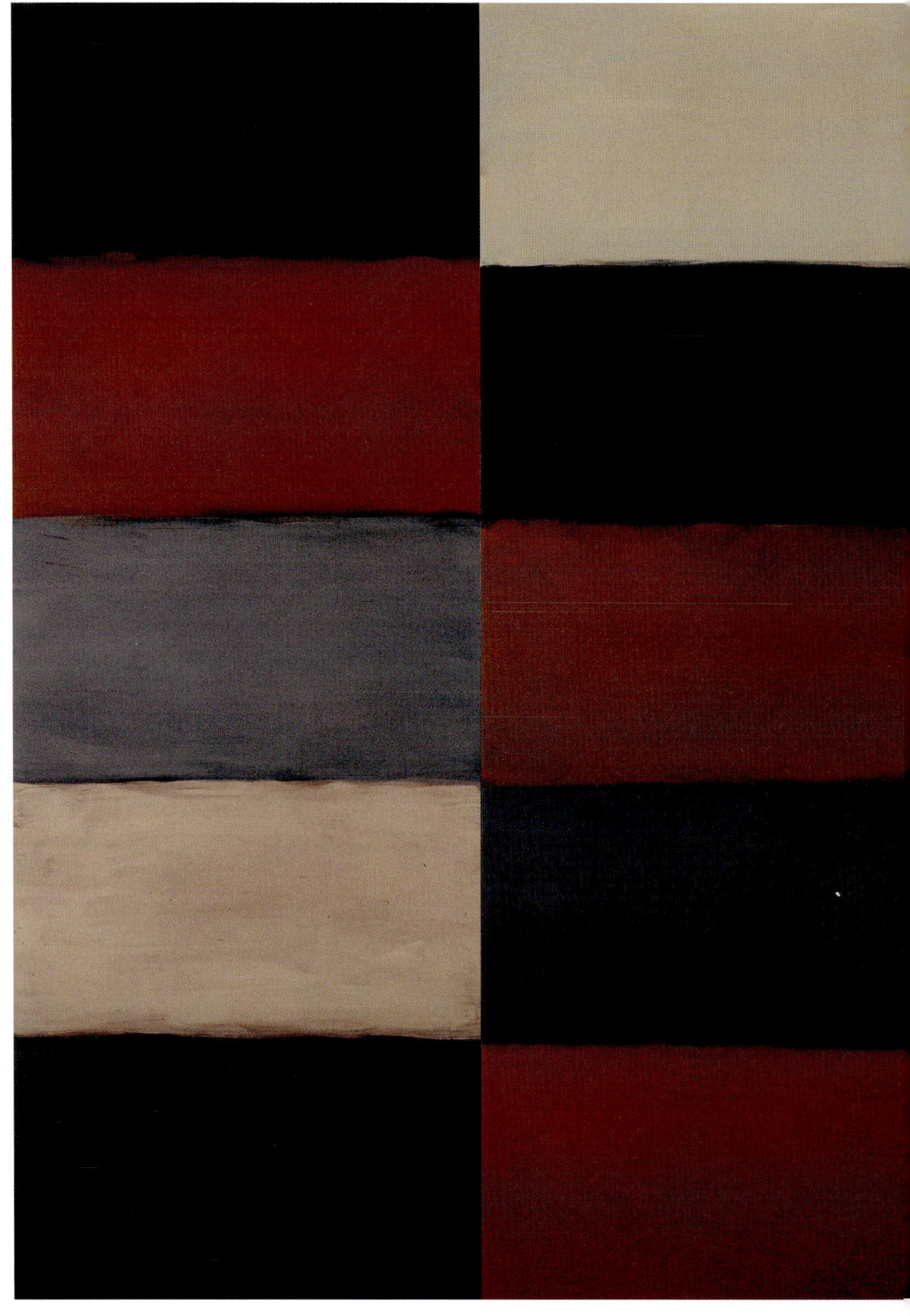

Titian's Robe Black Red, 2008
Öl auf Aluminium / Oil on aluminum
279,4 × 406,4 cm

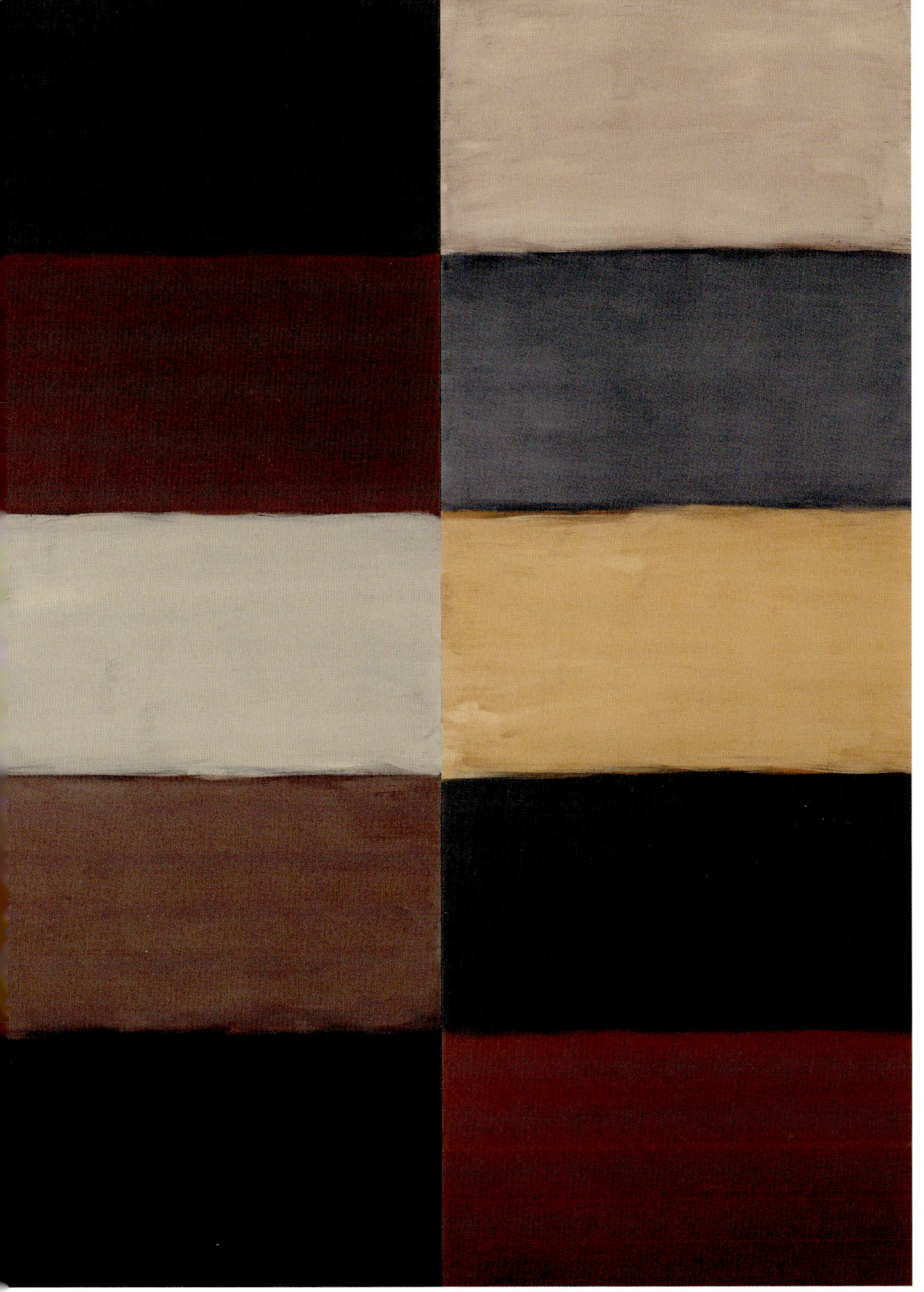

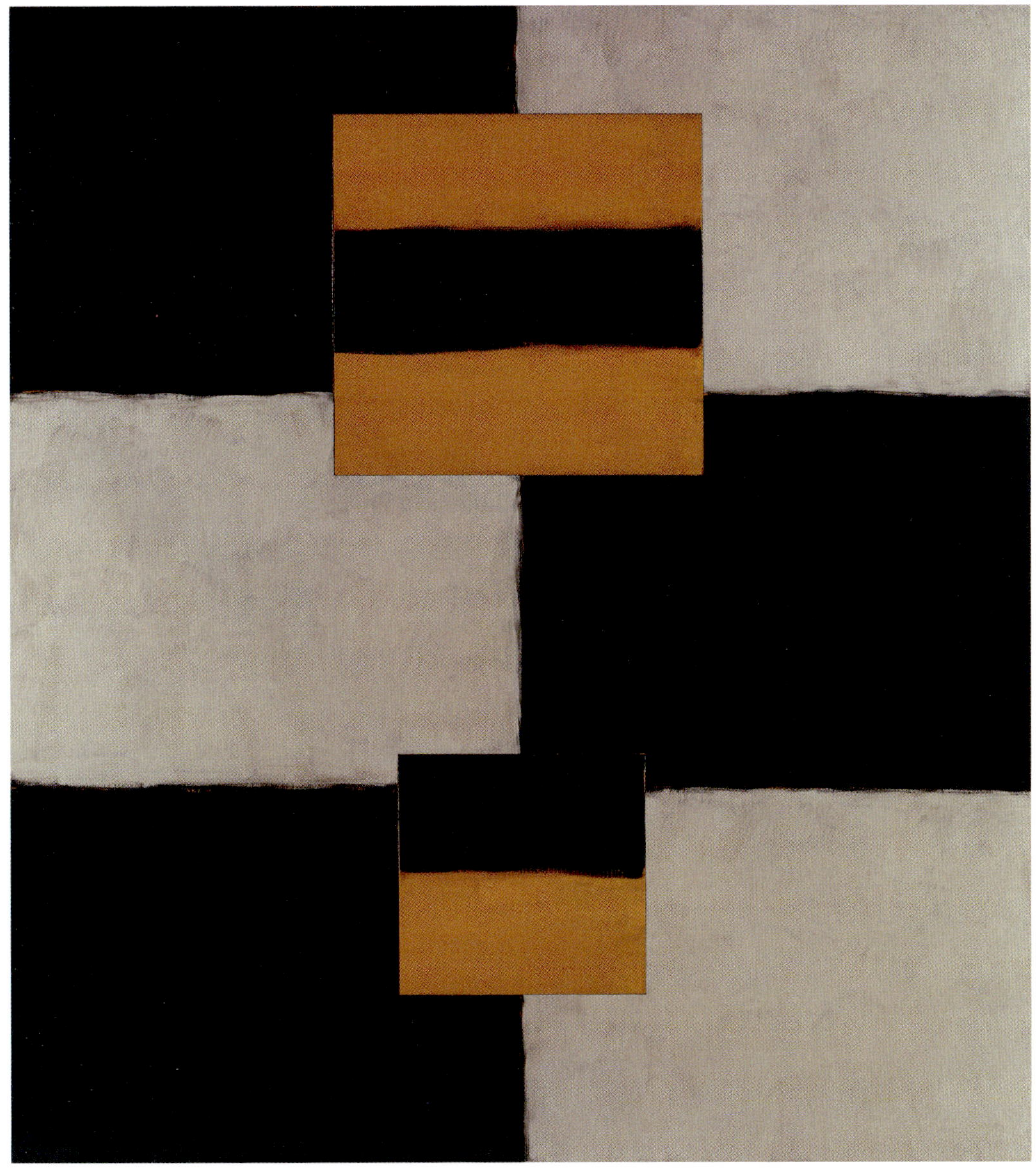

Figure Figure, 2004
Öl auf Leinwand / Oil on linen
244 × 214 cm

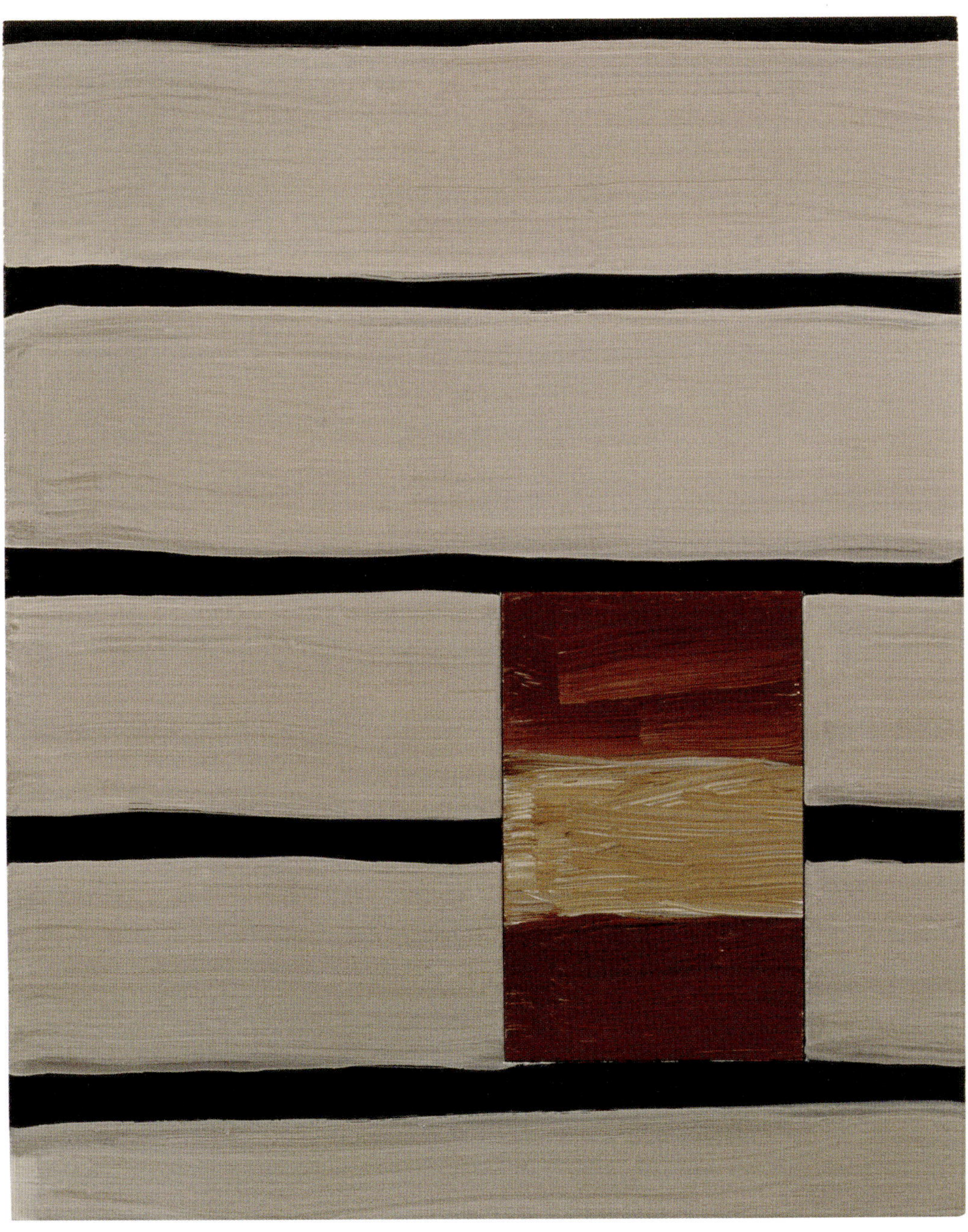

Passenger Line Red, 2000
Öl auf Leinwand / Oil on linen
48,3 × 38,1 cm

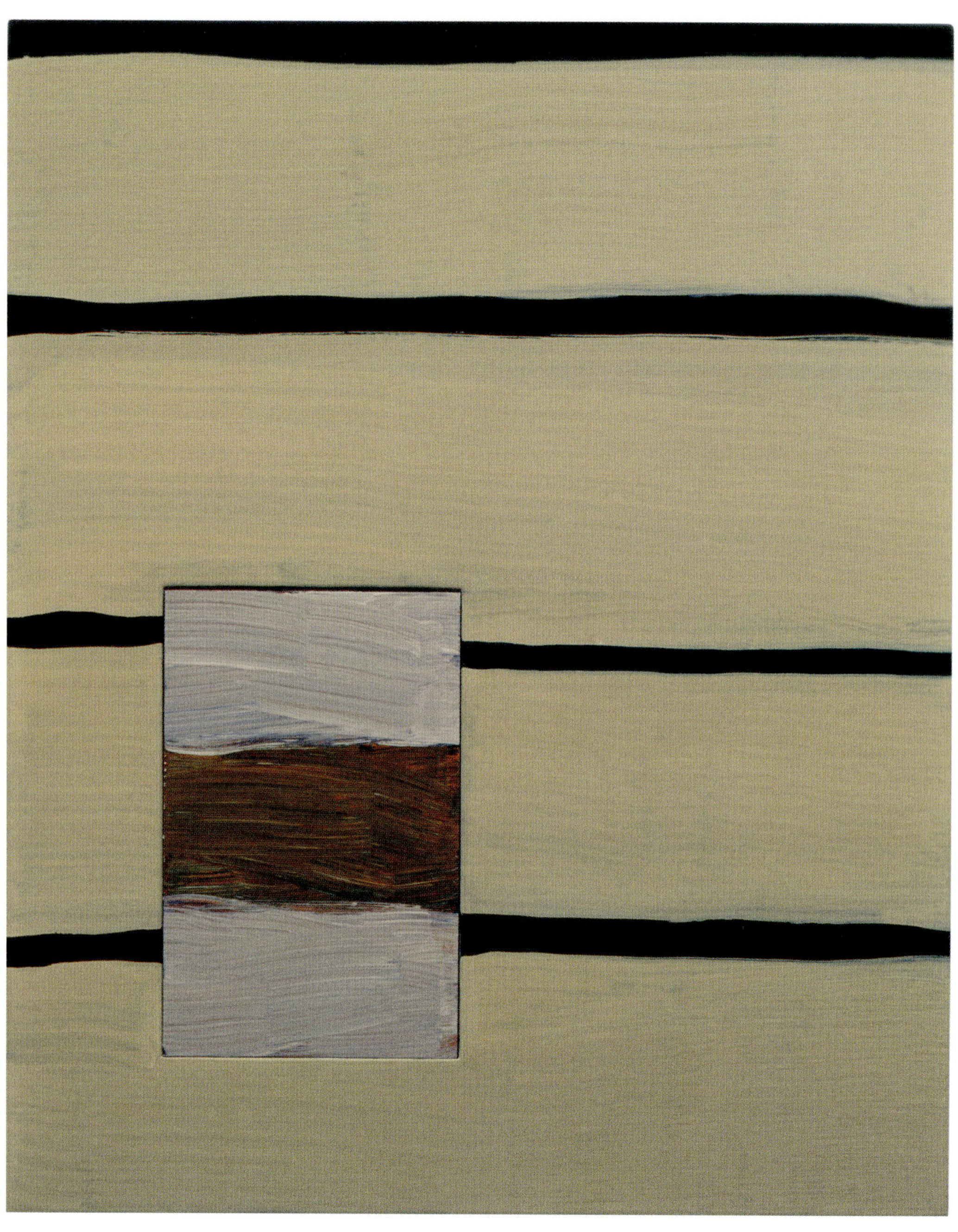

Passenger Line Green, 2000
Öl auf Leinwand / Oil on linen
48 × 38 cm

Kirsten Claudia Voigt

Transitionen im »Weltinnenraum« Zu einigen Aspekten der Bildarchitekturen Sean Scullys

»Durch alle Wesen reicht der *eine* Raum:
Weltinnenraum. Die Vögel fliegen still
durch uns hindurch. O, der ich wachsen will,
ich seh hinaus, und *in* mir wächst der Baum.

Ich sorge mich, und in mir steht das Haus.
Ich hüte mich, und in mir ist die Hut.
Geliebter, der ich wurde: an mir ruht
Der schönen Schöpfung Bild und weint sich aus.«[1]
Rainer Maria Rilke

Als organische Körper sind wir Raum im Raum, Räume in Räumen. Mit Sean Scullys Bildern steht uns etwas anderes konkret, plan, unverstellt und konfrontativ gegenüber: die Fläche, die Wand. In einem wundersamen und sinnstiftenden Paradox »vertiefen« diese Flächen unser Sehen. Sie vertiefen uns ins Sehen. Sie begegnen uns strukturiert, geordnet, komponiert, geklärt, ohne perspektivische Verzerrungen und sinnestäuschende Absichten als starke, klare Gegenüber. Tektonisch, wenn auch atmend und lyrisch gebaut, sind sie das Andere unserer labyrinthischen existenziellen Verfassung aus ineinander geschmiegten, weichen Innenräumen, die unsere Physis ausmachen. Im ruhigen, intensiv konzentrierten Blick auf die Fläche, im Schauen scheinen wir Körper, Raum und Distanz kurzzeitig zu transzendieren, denn mit Lichtgeschwindigkeit erreichen unsere Netzhaut Reize, die uns etwas empfinden lassen, etwas suggerieren, uns herausfordern, animieren und in einem oszillierenden Rückkopplungsprozess allmählich den Körper mit verlagertem Bewusstsein wieder erfahren, neu entdecken lassen. Diese Bilder sind Medien zwischen Körpern. Wir sind empfindender, schauend denkender, imaginierender, an Raum und Zeit gebundener Leib, und dennoch wechseln nicht selten mit der Rapidität chemischer Spontanreaktionen unsere Gefühle, Assoziationen, Stimmungen, die Beleuchtung unserer Innenwelt, wenn wir verschiedener Atmosphären gewahr werden, die in Bildern aufgehoben sind und stark von ihnen ausstrahlen – wie aus Erinnerungen, Eindrücken, Erlebnissen. Unser »Weltinnenraum« wird durch die Betrachtung dieser Bilder mal um mal sachte umgebaut. Sean Scullys »Wände« sind fest gefügt, von menschlicher Hand. Sie versetzen die Betrachter:innen dennoch in sanfte innerliche Bewegung oder Schwingung und geben Halt, weil sie zutiefst anti-destruktiv sind.

1 Rainer Maria Rilke: Werke, Band II, 1, Gedichte und Übertragungen, ausgewählt und herausgegeben vom Insel Verlag, Textfassung nach der Ausgabe »Rainer Maria Rilke: ›Sämtliche Werke‹, herausgegeben vom Rilke-Archiv in Verbindung mit Ruth Sieber-Rilke, besorgt durch Ernst Zinn«, Frankfurt am Main, 2. Aufl., S. 92 f.

Wiederholt und auch im Jahr 2009 hat Scully das Wand-Sein seiner Bilder in jener seinem Nachdenken über Kunst eigenen Mischung aus Strukturanalyse und poetischer Metaphorik unter dem Titel *Körper* reflektiert: »Meine Gemälde können nicht fliegen. Drachen sind dazu bestimmt, zu fliegen, und bevor sie nicht in der Luft tanzen, sind sie unvollendet. Doch Gemälde und insbesondere meine sind eine mit Gewicht versehene Haut, die eine verletzliche Wand bildet. Meine Gemälde sind real. Weder sind sie Schleier oder Vorhänge aus Licht noch Darstellungen von unendlichem Raum, sondern – eine poetische Wand. Eine Konfrontation mit dem Jetzt und der physischen Materie dessen, womit wir unausweichlich verbunden sind. Sie haben Schichten aus Farbe, sie haben gebrochene Ränder und eine Oberfläche, die ein Körper aus Licht ist. Umgibt man sich mit meinen Gemälden, kann man in dem Zustand bleiben, in dem man ist, mit all seinen Wünschen. Man kann im Angesicht des unvollkommenen Körpers des Gemäldes mit dem eigenen, unvollkommenen Körper beginnen und immer noch nach Spiritualität streben. Ich möchte die Reise vom Spirituellen zum Körperlichen und vom Körperlichen zum Spirituellen ermöglichen, denn das ist wirklich, wie es ist.«[2]

2 Sean Scully, *Inner. Gesammelte Schriften und ausgewählte Interviews,* hrsg. von Kelly Grovier, deutsche Ausgabe hrsg. von Kirsten Voigt, Berlin 2018, S. 250.

Als sinnlicher Intellektueller denkt Sean Scully in diesen Transitionsprozessen – Durch- und Übergängen, Verbindungen und Beziehungen, die er in polyphonen internen Dialogen der distinkten, aber verwandten, der oppositionellen oder koalierenden Elemente im Bild inszeniert. Horizontale gegen Vertikale, Quadrat, Rechteck, Streifen, Gitter mit-, über-, ineinander, das Opake neben dem Transparenten, die Lichtfülle neben dem Dämmer, Ruhe neben Rhythmen – ohne Modulschematismus, Fahrplan oder Scheinsicherheiten schaffende zahlenmystische Arithmetik, sondern in gegen unendlich gehender Verwandlung und Unberechenbarkeit parallel zu gelebtem Leben, gesammelter sinnlicher Erfahrung, konkreter Anschauung.

Scullys Bilder orakeln nicht, kündigen nicht die Offenbarung von Geheimnissen an, sondern bewahren die ihren, ihr Werden als ungewusste – weder kalkulierte noch jemals genau rekonstruierbare, nur ahnbare – Geschichte, als das latent Präsente. Jedes Bild bleibt in dieser Hinsicht Frage, also offen, wird nicht zur Antwort. Zugleich vermittelt sich mit ihm die Einsicht in die Existenz von Untergründigem und Unergründlichem. Da ist dennoch kein Raum für Mystifikationen, sondern hier geht es um das Ernstnehmen von Grenzen der Rationalisierbarkeit und Universalisierbarkeit, um das subjektive Erproben

Kirsten Claudia Voigt

der Möglichkeiten von Materie und Struktur, um ihr Potenzial als Aktivierungsenergie für Wahrnehmungs- und Empfindungsprozesse.

Das Bild als gestaltete Materie affiziert die Sinne und erzeugt affektive, kognitive Resonanzen, die ihrerseits eine sehr reale physische Basis und schließlich einen emotionalen Effekt auf Betrachter:innen haben. Der Ursprung der Wirkung von Bildern« liegt in ihnen als ein konkreter, materieller Gegenstand, der über sich selbst hinausweist, indem in ihm und mit ihm Beziehungen hergestellt und damit Atmosphäre, Aura, Anspielungen, Sinn erzeugt werden kann. Wenn das geschieht, dann »tanzt der Drache« in der Luft.

Diese Bilder verbinden physische Verlässlichkeit mit der Semantik des Vor-Scheins[3] von Möglichkeiten – zum Beispiel: das Konträre, Divergierende zu versöhnen, Felder und Positionen zu wechseln, Schlupflöcher und Wege durchs Unwegsame zu finden, aufzusteigen, den Blick aus einer ganz anderen Höhe auf etwas zu werfen, sich in einer Farbe, einer Fläche oder der Dunkelheit geborgen zu fühlen, die Seiten zu wechseln, den Blick auf Linien treiben zu lassen, Sehnsucht zu empfinden über die Grenze hinweg, Lust, umzukehren oder sich von der Energie des Lichts aufladen zu lassen mit reiner Freude.

3   Ernst Bloch, *Ästhetik des Vor*-Scheins, 2 Bde., hrsg. von Gert Ueding, Frankfurt am Main 1974.

Schon seit den 1970er-Jahren ging es in Scullys Werk – zunächst in einer Art konzeptueller Selbstbeschränkung, in der er sich mit dem Minimalismus auseinandersetzte – um die Reflexion des Binären. Diese Konstellation allein genügt allerdings nicht, um zu zeigen, dass bildnerisches Handeln in strukturell abstrakt erzählender Form auf umfassendere, differenziertere Zusammenhänge humanen Daseins erhellend referieren kann. An der Einfahrt in die Sackgasse eines toten Formalismus hatte Scully kein Interesse.[4] Zwischen den »Fugen«, die durch die Abdeckung mit Klebeband entstanden, und dem plastisch leicht erhabenen Streifen blieb langfristig nicht genügend Raum für den Widerhall von Erfahrungen, dafür, expansiv in und mit Bildern aus Emotionen Emotionen zu erzeugen.

4   Scully 2018 (wie Anm. 2), S. 21.

Gleichwohl war seiner Malerei immer ein Bewusstsein ihrer eigenen phylo- und ontogenetischen Historizität inhärent, die er kenntlich zu halten sucht. Scully hat all die den Bildbegriff revolutionierenden koloristischen, strukturellen und konzeptuellen Umbrüche des 19. und 20. Jahrhunderts durchdacht, von der deutschen Romantik bis zum Realismus, von Manet zu van Gogh, von Cézanne zu Matisse, über den Kubismus hin zum Konstruktivismus, Malewitsch, Kandinsky und Mondrian bis zum stillen Magier Morandi und zum Existenzialismus Mark Rothkos. Er hat sie in vielen seiner Texte in ihrer Wirkung auf sein Wirken analysiert und hier seine Vorfahren, Traditionslinien gefunden.

Über seine minimalistischen Experimente der frühen 1970er-Jahre erklärt Scully: »Es hat von meiner Seite immer den Versuch gegeben, aus einer Fläche ein Geheimnis oder eine Verdichtung zu schaffen. Die Bilder davor waren illusionistisch, sind aber aus einem Sinn für das Schichten heraus entstanden, für das Überlappen, aus dem sehr rigiden Verständnis, dass eins auf dem anderen liegt, dass eine Geschichte von der Entstehung des Bildes geschaffen wird, die im Bild selbst nachvollziehbar ist. Sie sind nicht erzählend, in dem Sinne, wie es die vorangegangenen Bilder waren, es sind Bilder, die man erspüren muss, die geheimnisvoller sind, denn der Raum der Malerei wird nicht erklärt. Die Linien in dem Bild wurden mit Abdeckband gemacht, das auf das Gemalte geklebt wurde.«[5] In ihnen versuchte Scully, »eine Haut zu schaffen, die eingeschnitten war, wie eine Wand mit Lücken zwischen den Backsteinen. Das sind zwar negative Räume, aber sie halten die Mauer gewissermaßen zusammen. Da sieht man das Romantische und Strukturelle«[6].

5   Ebd., S.182f.
6   Ebd.

Die betörenden *Hidden Drawings* aus dem Jahr 1975 wirken wie flirrende Farb-Fanale, die sich von den in diesem Zitat beschriebenen minimalistischen Versuchen mit Nuancen von Schwarz und Grau, den dunklen Streifenbildern, und auch von den dynamischen *Overlay*-Werken jener Jahre absetzen, in denen Scully Bildraum zurückzuerobern suchte. Auch in den *Hidden Drawings,* in denen etwas vom Geheimnis nachklingt, ist das Klebeband noch vorhanden. Es verdeckt und trägt gleichermaßen. Es bleibt teilweise erhalten als zusätzliche physische Schicht im verdichteten Skelettbau dieser Bildarchitekturen. In diesen nachgerade irisierenden Gittern fängt sich der Blick, um sowohl auf die für Scullys Schaffen so zentrale Kategorie der Vielschichtigkeit, der Überlagerung als auch auf die Phänomene der Mischung, Relationalität und Durchlässigkeit zu treffen. Zugleich visualisieren diese Arbeiten Archetypen des Wandbegriffs: Nicht nur architekturhistorisch, sondern auch etymologisch[7] geht die Wand (Wall) – im Deutschen und Angelsächsischen – unter anderem auf das »Winden« und Weben zurück, auf das Verbinden von gewundenen Hölzern in einem Prozess des Flechtens, auf eine Art urtümlichen Fachwerk- oder Ständerbau. Scully hat ihn selbst in Objekten aus mit Stoffen umwundenen Stäbe- und Gitterkonstruktionen schon während seiner Zeit an der Harvard University in den frühen 1970er-Jahren (zum Beispiel *Wrapped Piece,* Harvard, 1972) in der Form von wandgebundenen oder freistehenden dreidimensionalen Werken aufgegriffen. Er ließ sich inspirieren von Textilien, die nach seiner Marokko-Reise 1969 für die Entwicklung seiner Streifen-Motivik von entscheidendem Belang waren. Er arbeitete mit dem »Gerüst« des gewobenen »Ge-wands«, das er in den *Robe*-Werken bis heute verwandelt thematisiert. Und er ergründet bis heute die Qualitäten der weichen »Leinwand« als membranartiger Oberfläche, ihre Absorptionsfähigkeit, Nachgiebigkeit bis hin zur Permeabilität und konfrontiert sich andererseits in seinen Aluminiumbildern mit der widerständigen, haltgebenden Härte des glatten, nicht gewobenen Grundes, von dem ein reflektierender Glanz ausgeht.

7   Das grimmsche Wörterbuch führt zum Begriff Wand aus: »wand schlieszt sich etymologisch jedenfalls an winden an, und es fragt sich nur, auf welchem wege die bedeutung zu gewinnen ist. schon FR. JUNIUS (vgl. WACHTER gloss. germ. 1820) ging von ahd. wintan in der bedeutung ›flectere, contorquendo plectere‹ aus und deutete wand als die aus gewundenen reisern hergestellte und dann mit lehm beworfene wand, die wellerwand. [...] vielleicht könnte wand sogar dem auch zu winden gehörigen got.

Kirsten Claudia Voigt

wandus, anord. vöndr, engl. wand ›rute (aus geflochtenen zweigen)‹ gleichgesetzt werden [...] – nach andrer auffassung hätte wand ursprünglich die bedeutung von ›seite‹ oder ›umhüllung‹ oder ›grenze‹ gehabt. für die letztere ansicht läszt sich einiges geltend machen. wie ahd. irwintan hat auch das einfache wintan (OTFRID 1, 22, 27) die bedeutung ›umkehren‹, an das verbum sich anschlieszende substantiva zeigen dementsprechend die bedeutungen ›umkehr, ort der umkehr, grenze‹.« *Deutsches Wörterbuch von Jacob Grimm und Wilhelm Grimm,* digitalisierte Fassung im Wörterbuchnetz des Trier Center for Digital Humanities, Version 01/21, https://www.woerterbuchnetz.de/DWB, abgerufen am 05.01.2022.

Die Rolle der Architektur für Scullys Arbeit ist kaum zu überschätzen. In seinen diversen Kommentaren zu Architekturen verbindet sich Phänomenales mit Existenziellem, Funktionales mit Kulturellem, Soziales mit Stilistischem. Er sucht, beobachtet, findet, fotografiert sie: die malerisch-dichtgedrängten Agglomerationen marokkanischer Stadthäuser, die Wände leerstehender oder noch unterhaltener Industriebauten in New York, die langen, wie Melodiebögen schwingenden Linien der Einfriedungsmauern von Landparzellen auf den Aran-Inseln, christliche Sakralbauten in Europa, die monumentalen Ruinenstädte der mexikanischen Halbinsel Yucatán. Gemäuer, ob baufällig oder verwittert, mit ihrer Aura vergangener Hoffnungen und notdürftig beschützter Bedürfnisse erregen seine visuelle und emotionale Aufmerksamkeit. Sie werden zu jenem Anderen, auf und an dem sich lesen lässt über Vergangenheit, Gegenwart und Zukunft.

Im Blick auf seine Fotografien erklärte er 2002: »Ich mache Fotos von Außenflächen. Wenn ich sehe, wie die Außenflächen der Fassaden die Geschichte vom Verlauf der menschlichen Kultur und von der Macht der Zeit erzählen, kann ich nicht anders als darauf zu reagieren. Ich muss einfangen, wie es aussieht. Und die einfachste Methode, das zu tun, besteht darin, ein Foto zu machen. Die meisten Objekte, die ich fotografiere, befinden sich an der Peripherie, denn in Straßen mit bescheidenen Gebäuden muss ich reagieren. Zur gleichen Zeit empfinde ich eine intime Art des Trostes und der Identifikation mit solchen Umgebungen: In denselben Verhältnissen habe ich angefangen. Der grundlegende Unterschied zwischen meiner Arbeitsweise und derjenigen der Maler des 19. Jahrhunderts, die auf ihren Reisen Skizzen ausführten, ist allerdings, dass ich das, was ich fotografiert habe, nicht verwende, sondern nur die Emotionen. [...] Wenn ich ein Gemälde schaffe, wird die Emotion in die Oberfläche eingebettet, und das Geheimnis seiner Entstehung muss größer sein als das Bild. Es muss es in Gefühl umwandeln, jedesmal wenn der Motor des Gemäldes durch den Betrachter wieder angeworfen wird.«[8]

8   Scully 2018 (wie Anm. 2), S. 101.

Scully verfährt bei seiner malerischen Auseinandersetzung mit diesem Motiv nicht material- oder oberflächen-mimetisch wie etwa Antoni Tàpies, für den die Mauer mit ihren Zeichen, Spuren und Beschriftungen auf andere Weise zu einem Lebensmotiv wurde, über das er sagte: »Wenn ich erzählen soll, wie mir das Bewußtsein dieser evokativen Macht der Mauerbilder konkrete Gestalt annahm, muß ich sehr weit zurückgreifen. Es sind Erinnerungen aus meiner Kindheit und aus meiner ersten, zwischen Mauern eingesperrten Jugend, in der ich die Kriege erlebte. [...] In der Stadt [...] wurden die Mauern

Zeugen aller Martyrien und aller rückständigen Unmenschlichkeit, mit denen unser Volk geschlagen war.«[9] Scully arbeitet universeller über die Wand, malerisch, bildhaft, abstrakt verwandelt, ideell, nicht mit oder über Zeichen auf der Mauer, sondern mit der Idee der Wand, die er in eine ästhetische Fläche verwandelt, eine eigenständige Anordnung.

9   Antoni Tàpies, *Die Praxis der Kunst.* Zuerst erschienen in der Zeitschrift »Essais«, 1969. Deutsche Übers. St. Gallen 1976, S. 132.

In den Achtzigerjahren beginnt er, Bilder tatsächlich aus Brettern, also wandähnlichen Kompartimenten zu bauen, nicht nur vielschichtig, sondern vielteilig zu arbeiten. Werke wie *Outback, Whisper* und *Standing* sind körperlich, plastisch, tektonisch. Im Jahr 1984 verbrachte Scully eine Woche auf der Insel Simi und berichtete über das Inspirationspotenzial des Architektonischen für sein Werk, aber auch über sein Verfahren, es malerisch in größere Kontexte einzufügen: »Wie immer, wenn ich reise, sehe ich mir die Häuser an, in denen die Menschen wohnen und in denen sie vielleicht gewohnt haben, in Häusern, die jetzt Ruinen sind. Von klein auf wurde ich zu einem Reisenden erzogen und so ist es, nehme ich an, nur natürlich, dass ich von Wohnstätten besessen bin. Von Behausungen. Gebäude erzählen die Geschichte, wie Menschen sind und wo sie sind. Wie sie sich zusammendrängen und wie sie mit ihrer Architektur auf die Hitze und die Kälte ihrer Umgebung antworten. Ich sah mir die Gebäude auf Simi an und sie drückten eine reine, schlichte Monumentalität aus.«[10] Sujets der Aquarelle, die dort entstanden, sind der »mehr oder weniger wirklichkeitsgetreue Ausblick aus einem großen Erkerfenster« einer »Wohnung auf einem Felsen mit Blick aufs Meer«, »Fenster und architektonische Einschübe. Blanke geometrische Einheiten. Alle spiegeln einen Klassizismus wider, der den einfachsten Strukturen innewohnt. Und natürlich ist da dieses immerwährende, ruhige Licht«[11].

10   Scully 2018 (wie Anm. 2), S. 13 f.
11   Ebd.

Ungefähr zehn Jahre später benannte er in einem Vortrag in Oxford (»Diptychon«) weitere architektonische Einflüsse, die Auslöser sehr konkreter motivischer Entdeckungen wurden: »Wie man leicht erkennen kann, ist der Dom von Siena einer meiner Lieblingsbauten. Vielleicht hatte ich da sogar das erste Mal die Idee, Schachbrettbilder zu malen. Aber eine ziemlich starke Erinnerung habe ich noch an ein kürzliches Erlebnis: Ich lief durch Madrid und da war ein riesiges Doppeltor aus Stahl, das einen Parkplatz absicherte. Es war mit einem weiß-roten Schachbrettmuster bemalt. Dieses Tor, wie es da in der engen Straße neben einer alten Mauer stand, ganz rostig, war so romantisch schön und gleichzeitig wild, es war sehr inspirierend.«[12]

12   Ebd., S. 46.

Während er hier eher die Herkunft basaler geometrischer Matrizes erklärt, schilderte er 2018 im Blick auf seine Besichtigung der Pyramide von Chichén Itzá, wie sie ihm die fundamentale Erfahrung des Erhabenen und humaner Verletzlichkeit bescherte, wie man dort »durch Tunnel geht, die in den Felsen geschnitten sind, was sehr beeindruckend ist. Man kann die Materialität die-

Kirsten Claudia Voigt

ser einen dort umgebenden geometrischen Berge fühlen. Und man begreift, dass man in einer Sekunde zermalmt wäre, tot wäre, wenn sie zusammenbrächen. Das ist sehr erschreckend, aber es ist auch sehr wahr in Bezug auf unsere Fragilität«[13].

13 Zitiert nach: »I am not articulating space, I am destroying it. On the Relation Between Painting and Sculpture«, Interview mit Kirsten Claudia Voigt, in: *Sean Scully. Sculpture,* hrsg. von Justus F. Kewenig, Berlin 2019, S. 109–126, hier S. 111 (Übersetzung der Autorin).

Erneut wird evident, dass es Scully fundamental um empfindungsinduzierende Körpererfahrungen geht, die er in seine Malerei transferiert, um mehr als lediglich visuelle Eindrücke, wenn er im Blick auf ein Bild mit dem Titel *Yellow Ascending* über die Funktion der Stufung, der Treppe oder Leiter, der Vertikal-Schichtung von Farbbalken oder Linien nachdenkt: »Manchmal verstehe ich diese Tafeln als ein Mittel für einen Aufstieg. Ich kann sie auch als Figuren sehen, aber die Figuren werden generell anders gemalt. Ich glaube, sie sind nicht dafür gedacht, dass man sie als Leitern im wörtlichen Sinne versteht, nur als Metaphern für das Aufsteigen. Interessant ist dabei, dass die Sprossen (Stufen) hinaufführen und sie schieben das Gefühl nach oben, doch weil die Streifen horizontal sind, empfindet man, dass das Gewicht nach unten geht; sie wirken wie aufgestapelt. Ich habe schon öfter daran gedacht, ganz ähnliche Skulpturen zu schaffen, aber bin nie dazu gekommen«, erklärte Scully 1995.[14]

14 Scully 2018 (wie Anm. 2), S. 46–47.

Mittlerweile hat Scully die Gelegenheit gefunden, seine »Eskalationen« – aber auch seine Wände, die sich zu mächtigen Blockformationen ausgewachsen haben – plastisch werden zu lassen. Höchst eindrucksvoll realisierte er 2019 den Elevationstopos mit seiner zehn Meter hohen *Opulent Ascension* für San Giorgio Maggiore in Venedig, einem raumumschließenden Stapelbau aus Farblagen. Wieder führte Scully hier weiches und hartes Material zusammen, die konstruktiven Aluminiumrahmen wurden mit starkfarbigem Filz umschlossen. Verschiedene kleinere, kompakte Versionen gingen diesem Werk voraus, weitere, auch in anderem Material, etwa Murano-Glas, folgten. Offensichtlich beschwören diese mit der scheinbaren Unbeschwertheit kindlicher Turmbau-Praktiken errichteten Stapelplastiken die Idee einer unendlichen Säule aus Farbe, eines Aufstiegs ohne Furcht vor der Schwerkraft und babylonischem Scheitern. Durch die Käfig-Kuben-Plastiken aus Stahl lässt Scully kontinuierlich Luft, Licht und Raum strömen, aus seinen monumentalen Stein-Plastiken drängt er sie ebenso wie auch Zeit und Bewegung hinaus. Gelegentlich nimmt er die Zeit in diese Plastiken wieder hinein, indem er Fund-Materialien – wie Eisenbahnschwellen oder ausrangierte galvanisierte Wassertanks aus Zink – die Chance eines Weiterlebens im Kunstwerk verschafft.

Sich andeutender, unerschlossener, negierter, sich öffnender, gefangener oder durchbrochener Raum: Ob in den Bildern – die er einst um 90 Grad von der Wand weg in den Raum drehte, um ihnen körperliche Präsenz zu verschaffen – oder mit den Plastiken dieser Ausstellung, immer wieder streift Scully den Raum »passager«, im Vorübergehen im Sinne der Sehnsuchtsgeste

eines Unbehausten oder suggeriert eben die Möglichkeit, in ihn vorzudrin-
gen, ihn und alle Hindernisse zu durchqueren oder zu übersteigen – in Transitionen. Auch interessierte ihn einst der Raum hinter dem Bild als Wand, als
meta-physischer Raum, als dunkler Raum hinter der Wand aus Licht, dem
Licht, das immer wichtiger wurde für seine Malerei. Wie Kondensstreifen am
Himmel überschneiden sich seine Absichten im Bezug auf Raum und Räume
historisch innerhalb seines Œuvres. Und im Jahr 2007 resümiert Scully, was
seine Bildarchitekturen, in die Erfahrungen von Stadt- und Landschaftsräumen
mittlerweile gleichermaßen eingehen, außerdem verbinden: »[...] ich würde sa-
gen, dass meine Kunst, so symbolisch, wie sie ist, so architektonisch-maskulin,
wie sie ist, in ihrer Farbgebung und in der Art, wie die Architektur durch die
Details unterminiert und humanisiert wird, äußerst feminin ist.«[15]

15   Scully 2018 (wie Anm. 2), S. 216.

All das belegt, dass jenes Konzept, von dem er 2005 spricht, aufgegangen ist –
und dass er fortgesetzt die Vieldeutigkeit seines Motivs erkundet: »Dies war
wichtig für mich: ein Motiv zu finden, ein Motiv, das groß genug und wesent-
lich genug ist für den Menschen und die menschliche Hand, um in es einzu-
treten und es langsam zu transformieren, die Wand, in die man eintreten
kann. [...] Man muss ein Motiv haben, das elementar ist, das man nicht durch
Arbeiten finden kann, die philosophischer Natur sind. Und dieses Motiv muss
groß genug, flexibel genug und aufnahmefähig genug für Nuancen sein, um
einem zu gestatten, mit ihm zu wachsen, als ein Mensch, als ein Künstler.«[16]

16   Ebd., S. 177.

Ob Sean Scully das romantische Motiv des Fensters benutzt – wie etwa in dem
Diptychon *Migration* (2021) – oder von Türen spricht, sie sind kontradikto-
risch veranlagte, gleichzeitig abgrenzende und permeable Elemente. Im Jahr
2002 – als Scully an der Münchner Akademie lehrte – notierte er unter dem
Titel »Türöffnung«: »Dies erkläre ich meinen Studenten. Wenn man von einem
der stattlichen Säle der Münchner Akademie in einen anderen wechseln will,
muss man aus dem Raum, in dem man ist, durch den gewaltigen Holzrahmen
der Tür gehen und in einen der Räume eintreten, die sich entlang des Korri-
dors reihen und durch eine ähnliche Tür zu betreten sind. Betrachtet man
sich jedoch als Künstler, kann man durch die massive Wand, die die Räume
voneinander trennt, hindurchgehen und sich einen eigenen Eingang schaffen. Einfach, indem man eine Türöffnung auf die Wand zeichnet. Und man
kann seine Vorstellungskraft nach nebenan schicken.«[17]

17   Ebd., S. 109.

Vermutlich gibt es kaum eine bedrückendere Parabel auf die Einmaligkeit der
menschlichen Existenz mit ihren Potenzen, ein möglicherweise verfehltes
Leben und Scheitern als Franz Kafkas *Vor dem Gesetz.* Der Türhüter erklärt
dem Wartenden nach Jahrzehnten, am Ende seines Lebens, dass diese Tür
nur für ihn da war und er die Chance verpasst hat, sie zu durchschreiten.
Scullys Kunst ist das diametrale, optimistische Gegenteil dieser Parabel. Sie
ist leuchtender Vor-Schein von prinzipiellen und zukünftigen Optionen und
sie fordert uns auf, sie wahrzunehmen.

Kirsten Claudia Voigt: Transitionen im »Weltinnenraum«

Transitions in "Inner-World-Space": On Several Aspects of Sean Scully's Pictorial Architectures

One space spreads through all creatures equally—
inner-world-space. Birds quietly flying go
flying through us. Oh, I that want to grow,
the tree I look outside at grows in me!

It stands in me, that house I look for still,
in me that shelter I have not possessed.
I, the now well-beloved: on my breast
this fair world's image clings and weeps her fill.[1]
—Rainer Maria Rilke

As organic bodies, we are space within space, spaces within spaces. With Sean Scully's paintings, something else stands opposite us, concrete, planar, undistorted, and confrontational: the plane, the wall. In a wondrous and meaningful paradox, these planes "deepen" our seeing. We delve into seeing. They confront us, structured, ordered, composed, clarified, without perspectival distortions or illusionistic intentions, as strong, clear counterparts. Tectonically, albeit breathing and lyrically constructed, these planes are "the other" of our labyrinthine existential constitution, of the nestled soft interiors that make up our physical selves. In our calm, intensely concentrated gaze at the plane—in seeing—we seem to briefly transcend bodies, space, and distance, and then with the speed of light, stimuli reach our retina that cause us to feel something, that suggest something, that challenge, and animate us. In the oscillating process of feedback these stimuli gradually cause us to experience again, to rediscover the body with a shifted awareness. Scully's paintings are media between bodies. We are a sensing, seeing, thinking, imagining our body tied to space and time, and yet not infrequently, with the rapidity of spontaneous chemical reactions, our feelings, associations, moods—the lighting of our inner world—changes when we become aware of different atmospheres that are preserved in the images and radiate powerfully from them—as if out of memories, impressions, experiences. Our "inner-world-space" is transformed gradually, bit by bit, by viewing these paintings. Scully's "walls" are fixed, by human hand. They nevertheless set viewers into gentle, inner motion or vibration and provide a footing because they are pro-foundly anti-destructive.

1   Rainer Maria Rilke, "Everything Beckons to Us," in Rilke, *Possibilities of Being: A Selection of Poems,* trans. J. B. Leishman (New York, 1957), pp. 108–9.

On repeated occasions, including under the title *Body* in 2009, Scully has re-flected on the "wall-ness" of his paintings in the mixture of structural analysis and poetic metaphor that characterizes his thinking about art:
"My paintings do not fly. Kites are made to fly and they are incomplete until they are dancing in the air. But a painting and especially mine is a weighted skin, that makes a vulnerable wall. My paintings are real, even romantically so. They are not veils, or curtains of light, or even renditions of infinite space — but — a poetic wall. A confrontation with the now and the physical matter of which we are incapably bound up. They have layers of color, they have broken edges, and they have a surface that is indeed a body of light. When one is standing with my paintings, you can be in the state you are in, your original physical state, with your wishes intact. You can start with your own imperfect body, in front of the imperfect body of the painting, and you can still strive to be spiritual. I want to make available the journey from the spiritual to the physical, and from the physical to the spiritual because that's really how it is."[2]

2   Sean Scully, *Inner: The Collected Writings and Selected Interviews of Sean Scully,* ed. Kelly Grovier (Berlin, 2018), p. 250.

As a sensuous intellectual, Sean Scully thinks in terms of these processes of transition: passages and overpasses, connections and relationships, which he dramatizes in the painting in polyphonous inner dialogues of distinct but related, oppositional but coalescing elements. Horizontal against vertical lines, squares, rectangles, stripes, grids with, above, and in one another, the opaque next to the transparent, abundance of light next to dimness, calm next to rhythms — without modular schematism, timetable, or arithmetic that creates a false sense of security, but rather in transformation and unpredict-ability that approaches infinity in parallel with lived life, acquired sensory ex-perience, and concrete seeing.

Scully's paintings are not oracles and do not announce the revelation of myster-ies, but they do preserve their mystery, their becoming, as unconscious — nei-ther calculated nor ever precisely reconstructible, merely intuitable — history, as the latent present. In that respect, every painting remains a question, still open, and does not become an answer. At the same time, it conveys insight into the existence of something under the surface and unfathomable. Never-theless, there is no room for mystification, for it is about taking seriously the limits on rationalizing and universalizing, about the subjective exploring of the possibilities of matter and structure, about their ability as energy to activate processes of perception and sensation.

The painting as designed material world affects the senses and produces affec-tive, cognitive resonances that for their part have a very real physical basis and ultimately an emotional effect on the viewer. The origin of the effect of images lies in them as a concrete, material object that points beyond itself, in

Kirsten Claudia Voigt

that relationships can be established in it and with it, producing atmosphere, aura, allusions, and meaning. When that happens, "the kite dances" in the air.

These paintings combine physical reliability with the semantics of the *Vor-Schein* (pre-appearance) of possibilities—for example, reconciling the contrary, the divergent; changing fields and positions; finding hideouts and paths through impasses; climbing in order to look at something from a very different height; feeling secure in a color, in a surface, or in the dark; changing sides; allowing the gaze to drift along lines; sensing desire beyond the limits; the wish to turn around; or to allow oneself to be charged with the energy of light, with pure joy.[3]

3   Ernst Bloch, *Ästhetik des Vor-Scheins,* ed. Gert Ueding, 2 vols. (Frankfurt am Main, 1974).

Since the 1970s—initially in a kind of conceptual self-restraint, in that he was coming to terms with Minimalism—Scully's work has been about reflecting on the binary. This constellation alone was not, however, sufficient to show that artistic work in a structurally abstract narrative form can refer in an illuminating way to more comprehensive, more differentiated contexts of human existence. Scully had no interest in an entryway to the dead end of formalism.[4] Between the "gaps" that resulted from covering the support with tape and the plasticity of slightly raised stripes, there was not enough room in the long rung for the echo of experiences, for expansively creating emotions in and with images from emotions.

4   Scully, *Inner* (see note 1), p. 21.

All the same, there was always an inherent awareness in his painting of its own phylo- and ontogenetic historicity, which he plainly tried to preserve. Scully thought through all of the coloristic, structural, and conceptual innovations of the nineteenth and twentieth centuries that tried to revolutionize the concept of the painting, from German Romanticism to realism, from Édouard Manet to Vincent van Gogh, from Paul Cézanne to Henri Matisse, by way of Cubism to Constructivism, Kazimir Malevich, Wassily Kandinsky, and Piet Mondrian and on to the quiet magic of Giorgio Morandi and the existentialism of Mark Rothko. In many of his texts, he analyzed their effect on his work and found there his forebears, his lines of tradition.

Of his Minimalist experiments of the 1970s, Scully declares:

"[T]here has always been an attempt by me to make a mystery or a compression of a surface. The paintings before were illusionistic, but they came out of a sense of layering, overlapping, a relentless sense of one thing on top of another thing to make a history of the making of the painting within the painting that can be followed. These are not narrative in the sense that the ones before are; these are paintings that have to be felt and are more mysterious, as the space of the painting is not explained. The lines in the painting were made with masking tape that was laid on the painting."[5]

5   Ibid., p. 182.

In them, Scully was attempting to "make a skin that was cut in the way that a wall has spaces between the brinks. So they are negative spaces, but in a sense they are holding the wall together. Here, then, you have the romantic and the structural."[6]

6   Ibid., pp. 182–83.

Transitions in "Inner-World-Space"

The beguiling *Hidden Drawings* of 1975 look like flickering beacons of color that stand out from the Minimalist experiments he describes in the quotation with nuances of black and gray, from the dark stripe paintings, and also from the dynamic *Overlay* works of those years in which Scully tried to reconquer pictorial space. The masking tape is also present in the *Hidden Drawings,* in which something of the mystery still echoes. It covers and supports at once. It remains partially preserved as an additional physical layer in the compressed skeletal construction of these pictorial architectures. The eye is caught by the almost iridescent grids of the *Hidden Drawings,* which focus on categories central to Scully's work—especially the multilayered, the overlapping, and phenomena of mixing, relationality, and permeability. At the same time, these works visualize archetypes of the concept of the wall: not only in the history of architecture but etymologically as well,[7] both the German word *Wand* and the English "wall" go back to, among other things, "winding" and weaving, to joining curved wood in a process of braiding, to a kind of ur-half-timber or stilt construction. Scully himself already took this up in objects using the curved bars and grids during his time at Harvard University in the early 1970s—for example, *Wrapped Piece (Harvard),* 1972—in the form of three-dimensional works attached to a wall or freestanding. He found inspiration in textiles that were crucially important to his developing his stripe motifs after a trip to Morocco in 1969. He was working with the *Gerüst* (frame) of the woven *Ge-wand* (garment), which he continues to address in different ways today in his Robe works. He also continues to explore the qualities of the soft *Lein-wand* (canvas) as a membrane-like surface—its absorbency, pliability, and even permeability—and, on the other hand, in his paintings on aluminum, he confronts the resistant, stabilizing hardness of the smooth, and unwoven support that produces a reflective gloss.

7   The entry on "Wand" in Grimm's dictionary reads: "*wand* is related etymologically, at least, to *winden,* and it remains only to ask how its meaning can be derived. FR. JUNIUS (see WACHTER gloss. germ. 1820), already assumed ehg. [Early High German] *wintan* in the meaning of 'flectere, contorquendo plectere' and interpreted *wand* as a wall produced from braiding twigs and then covering them with mud, the cob wall. . . . [P]erhaps *wand* could even be equated with—also related to *winden*—got. [Gothic] *windus,* anord. [Old Norse] *vöndr,* engl. *wand* 'rod (of braided twigs)' . . .—in another view, *wand* would have originally had the meaning 'side' or 'casing' or 'edge.' Several arguments can be made for this last view. Like ehg. *irwintan,* the simple *wintan* (OTFRID 1, 22, 27) also has the meaning 'turn around,' nouns derived from that verb accordingly have the means 'turn back, place of turning back, border.'" *Deutsches Wörterbuch von Jacob Grimm und Wilhelm Grimm,* digitalized version on the Wörterbuchnetz of the Trier Center for Digital Humanities, version 01/21, https://www.woerterbuchnetz.de/DWB (accessed January 5, 2022).

The role of architecture in Scully's work can scarcely be overestimated. His diverse comments on architecture combine the phenomenal with the existential, the functional with the cultural, the social with the stylistic. He searches, observes, finds, and photographs them: the painterly, densely compact agglomerations of Moroccan townhouses; the walls of abandoned or still-active industrial buildings in New York; the long lines, vibrating like the arcs of a melody, of the walls that demarcate parcels of land on the Aran Islands; Christian sacred buildings in Europe, the monumental, ruined cities of the Yucatán Peninsula in Mexico. Walls, whether dilapidated or weathered, attract his vi-

Kirsten Claudia Voigt

sual and emotional attention with their aura of past hopes and provisionally protected needs. They become "the other" on and at which one can read about the past, the present, and the future.

He explained with regard to his photographs in 2002:

"I take photos of surfaces. When I see how the surfaces of the façades tell the story of the passage of human culture and the power of time, I can't help but react. I have to grasp it as it looks. And the easiest way to do that is to take a picture. Most of the subjects I shoot are in the margins of the world, for in the streets made of humble buildings I have to react. At the same time, my level of comfort and identification with these surroundings is intimate: I started out in identical circumstances.

The fundamental difference, though, between my working methods and those of the painters of the nineteenth century who made travel sketches is that I don't use the images of what I've photographed, only the emotions. . . .

When I make a painting the emotion is embedded in the surface, and the mystery of its making has to be bigger than the image. It has to transform it into feeling every time the engine of the painting is restarted by the spectator."[8]

8   Scully, *Inner* (see note 1), p. 101.

In grappling with this motif in his paintings, Scully does not work with the material, the surface, or the mimetic in the way that, say, Antoni Tàpies does, for whom walls and their symbols, traces, and inscriptions became a lifelong motif in a different way, of which he said: "If I were to tell the story of how I became aware of the evocative power of wall imagery, I would have to go quite far back. These are memories from the adolescence and early youth I spent shut in behind the walls within which I lived out the wars. . . . All the walls of a city . . . bore witness to the horrors and the inhuman reversals that were inflicted on our people."[9] Scully, however, works more universally by way of the wall, transforming in a painterly, pictorial, abstract way, with ideas, not with or by means of signs on the wall but with the very idea of the wall, which he transforms into an aesthetic plane, an autonomous arrangement.

9   Antoni Tàpies, "Communication on the Wall," in *Tàpies in Perspective,* exh. cat. Museu d'Art Contemporani de Barcelona (Barcelona, 2004), pp. 75–80, esp. 75–76; originally published in the journal *Essais* in 1969.

In the 1980s, he began to build paintings literally of boards, that is to say, wall-like compartments, working not only with many layers but with many parts. Works such as *Outback, Whisper,* and *Standing* are corporeal, sculptural, tectonic. In 1984, Scully spent a week on the island of Simi and reported on the potential of the architectonic to inspire his work, but also on his method for integrating it artistically into larger contexts:

"As ever, when I travel, I look at the houses where people live and where they might have lived in houses that are now ruins. From an early age I was brought up to be a traveler, and so it's natural, I suppose, that I am obsessed by abode. By dwelling.

Buildings tell the story of how people are and where they are. How they huddle together and how they respond architecturally to the heat and the cold of their environment.

Transitions in "Inner-World-Space"

I looked at the buildings on Simi, and they expressed a clean simple monumentality."[10]

10 Scully, *Inner* (see note 1), p. 13.

The subjects of the watercolors he painted there are the "more or less a faithful view from a big bay window" of an "apartment on a cliff overlooking the sea," and "show windows and architectural inserts. Blunt geometric divisions. . . . All reflecting a classicism that is embedded in the simplest of structures. And of course, there is the constant still light."[11]

11 Ibid, pp. 13–14.

Around ten years later, in a lecture in Oxford ("Diptych"), he named other architectonic influences that triggered very concrete motivic discoveries:
"The Duomo in Siena is one of my favorite buildings for obvious reasons. It may have been in fact the first time I got the idea to make checkerboard paintings. But I remember rather strongly a recent experience: I was walking around in Madrid, and there was a huge steel double gate guarding a car park. It was painted with a red and white checkerboard. This gate, situated in a narrow street up against an old wall, full of rust, was so romantically beautiful and savage at the same time; it was very inspiring."[12]

12 Ibid., p. 47.

Whereas here he is describing more the origin of basic geometric matrices, in 2018, with regard to his viewing of the pyramids of Chichén Itzá, he described how they provided him with a fundamental experience of the sublime and of human vulnerability: "walking through tunnels carved through rock, that is very impressive. And you can feel all the materiality of a geometric mountain surrounding you. And you realize, you could be squashed in a second, you would be dead in a second, if it collapsed. This is very frightening, but also somehow truthful about our fragility."[13]

13 Sean Scully, "'I am not articulating space, I am destroying it': On the Relation between Painting and Sculpture," interview with Kirsten Claudia Voigt, in *Sean Scully: Sculpture,* ed. Justus F. Kewenig (Berlin, 2019), pp. 109–126, esp. p. 111.

Here again it is evident that Scully is fundamentally concerned with physical experiences that induce emotions, which he transfers to his paintings, with more than simply visual impressions, when, looking at a painting titled *Yellow Ascending,* he reflects on the function of steps, of rungs or ladders, of the vertical layering of bars or lines of color. Scully explained in 1995:
"Sometimes I think of these panels as vehicles for ascension. I can also see them as figures, but they generally tend to be painted differently. I think they are not meant to be seen as ladders in the literal sense, just a metaphor for ascension. What is interesting is that the rungs (steps) are going up and they are pushing the feeling up, but because of the stripes going horizontally there is a sense of the weight coming down; they look stacked. I thought at different points about making sculptures that were very related, but I never got around to it."[14]

14 Scully, *Inner* (see note 1), pp. 46–47.

Kirsten Claudia Voigt

In the meanwhile, Scully has found a way to make his "escalations"—but also his walls, which have grown out of the enormous block formations—plastic. In 2019, he very impressively realized the topos of elevation with his ten-meter-tall *Opulent Ascension* for San Giorgio Maggiore in Venice: a space-surrounding stack of layers of color. Once again, Scully was bringing together soft and hard materials; the constructional aluminum frame was wrapped in colorful felt. Various smaller, compact versions proceed this work, and others followed, sometimes in a different material, such as Murano glass. Clearly, these stacked sculptures, constructed with the apparent nonchalance of a child's tower construction, evoke the idea of an infinite column of color, of rising without fear of gravity, of the failure of Babel. Through these cage-cube sculptures of steel, Scully allows air, light, and space to stream; he drives them out of his monumental sculptures in stone, along with time and movement. Occasionally, he reintroduces time into these sculptures by giving found objects—railroad ties or disused galvanized water tanks—an opportunity to live on in the work of art.

Suggestive, unexplored, negated, opening, caught, or perforated space: whether in the paintings—which he once turned at a right angle to the wall into the room to give them a physical presence—or in the sculptures of this exhibition, Scully repeatedly grazes the space "en passant," going past in the sense of the gesture of desire of someone or something homeless, or suggesting the opportunity to penetrate it, to cross through and surmount it and all obstacles—in transitions. He was also interested once in the space behind the painting, as a wall, as a meta-physical space, as a dark space behind the wall of light, of the light that became increasingly important to his art. Like contrails in the sky, his intentions crisscross the historical within his oeuvre in their reference to space and spaces. And in 2007, Scully resumed combining what his pictorial architectures had in the meanwhile begun to do as well, entering experiences of cityscapes and landscapes: "And I would say that my art as emblematic, that as architecturally masculine as it is, it is extremely feminine in the way that it is colored and in the way the architecture is subverted and humanized by detail."[15]

15 Ibid., p. 216.

All of that shows that the concept he discussed in 2005 has worked out—and that he is continuing to explore the multiple meanings of his motif:
"This was important for me: to find a subject, a subject that was big enough and material enough for the human being and the human hand to enter and slowly transform it, the wall that can be entered. . . .
You have to have a subject that's fundamental, that cannot be found through works that are philosophical. And that subject must be big enough, flexible enough, and capable enough of absorbing nuance to allow you to grow with it as a human being, as an artist."[16]

16 Ibid., p. 177.

Whether Sean Scully is employing the Romantic motif of the window—as in the diptych *Migration* (2021)—or speaking of doors, they are contradictorily arranged, simultaneously delimited, and permeable elements. In 2002, when Scully was teaching at the art academy in Munich, he remarked on the title "Doorway":

"This is what I explain to my students.

If you want to switch between the majestic halls of the Academy of Munich to another, you must cross the huge wooden door frame of the room you are in and enter in one of the rooms arranged along the corridor, accessed by a similar door. However, if you consider yourself artists, you can cross the solid wall that divides the rooms and make your own entrance. Just by drawing a doorway on the wall. And you can send your imagination next door."[17]

17   Ibid., p. 109.

There is probably no more oppressive parable of the once-in-a-lifetime quality of human existence, of its potentials, its possibly wasted life, and its failure, than Franz Kafka's "Before the Law." The guard explains to the man who had been waiting for decades, at the end of his life, that this door was there only for him and that now he had missed the opportunity to step through it. Scully's art is the diametrically opposed, optimistic opposite of this parable in the bright *Vor-Schein* of options that exist in principle and in the future, and it challenges us to perceive them.

Kirsten Claudia Voigt: Transitions in "Inner-World-Space"

Impessum / Imprint
Diese Publikation erscheint anlässlich der Ausstellung / This book is published in conjunction with the exhibition

Sean Scully. Song of Colors
Langen Foundation, Neuss
3. April – 7. August 2022

Projektmanagement /
Project management
Richard Viktor Hagemann

Lektorat / Copyediting
Aaron Bogart, Michael Scherf

Übersetzungen / Translations
Steven Lindberg

Graphic design /
Grafische Gestaltung
Claudio Barandun, Zürich

Typeface / Schrift
Unica 77 LL

Verlagsherstellung / Production
Thomas Lemaître

Reproduktionen / Reproductions
DruckConcept, Berlin

Druck und Bindung /
Printing and binding
Livonia Print, Riga

Papier / Paper
Arctic Volume White, 150 g/m²

© 2022 Hatje Cantz Verlag, Berlin, und die Autorinnen / and authors

© 2022 für die abgebildeten Werke von / for the reproduced works by Sean Scully: der Künstler / the artist

Bildnachweis / Photo credits
Robert Bean 31, 32, 33, 35, 36, 37, 39, 40, 41, 74–75
Elisabeth Bernstein 18–19, 27, 28–29, 78–79
François Deladerrière 24, 25
Sebastian Drüen 49, 50, 53, 54–55
Trevor Good 69
Frank Hutter Rückseite / Back cover
Christoph Knoch 15, 17, 21, 23, 65, 67, 77
Denis Mortell 60
John Webb 43, 45

Erschienen im / Published by
Hatje Cantz Verlag GmbH
Mommsenstraße 27
10629 Berlin
www.hatjecantz.com
Ein Unternehmen der Ganske Verlagsgruppe /
A Ganske Publishing Group Company

ISBN 978-3-7757-5218-3
Printed in Latvia

Die Ausstellung wird unterstützt von /
The exhibition is supported by:

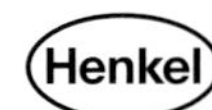

Rückseite / Backcover
Pyramids, Zig Zag and Stripes, 1968
Gouache und Tinte auf Papier /
Gouache and ink on paper
41,4 × 56,9 cm